Marketing online: diseño y promoción de sitios web

COMM031PO & COMM0006 Comercio y marketing

EF/COMM031PO/MAY/41

Anagrama «LUCHA CONTRA LA PIRATERÍA», propiedad de Unión Internacional de Escritores.

© CEA. Ediciones Valbuena

ISBN: 978-84-1116-970-7
Depósito legal: M-12428-2024
Editado en mayo de 2024
Imprime: Ediciones Valbuena, S.A.
Impreso en España. Printed in Spain

PRESENTACIÓN

Comprometidos por ofrecer una propuesta formativa ajustada a las necesidades de la sociedad y del mercado de trabajo, Ediciones Valbuena presenta este manual para la Especialidad formativa de **Marketing online: diseño y promoción de sitios web**, perteneciente a la Familia profesional de **Comercio y Marketing**.

Esta **Especialidad Formativa**, con una duración asociada de 30 horas, se integra en el Catálogo de especialidades con los códigos COMM031PO & COMM006.

En la elaboración de los contenidos hemos pretendido garantizar la **adquisición, mejora y actualización de las competencias profesionales** requeridas en el mercado laboral, así como fomentar el **aprendizaje**.

En nuestra página web **www.adams.es** estarás al día de todo en cuanto a información sobre cursos, productos y servicios se refiere, además tendrás la opción de dirigirnos cualquier consulta o sugerencia a través de **adams@adams.es**

Esperando haber cumplido el objetivo propuesto, te expresamos nuestros mejores deseos de éxito.

Ediciones Valbuena

ÍNDICE

Tests de unidades

ICONOS DE INFORMACIÓN

Definición

Recuerda

Ejemplo

Nota

Importante

Más información

Resumen

UNIDAD DIDÁCTICA 1

Internet marketing: conceptos generales y herramientas

Contenido & Objetivos

Introducción

1. **El concepto marketing**

2. **Etapa orientda a la producción**

3. **Orientación a las ventas**

4. **De la etapa de ventas al marketing**

5. **El marketing tras la llegada de Internet**

6. **Breve historia de Internet**

7. **Internet como herramienta de marketing**

8. **Beneficios de Internet para el marketing**

9. **Diferencias de ideas y conceptos entre el marketing online y el marketing tradicional**

10. **Los catálogos electrónicos**

11. **El nacimiento del marketing electrónico**

12. **Cómo desarrollar un electonic marketing plan (EMP)**

Resumen

Los **objetivos** de esta unidad son:

1. Diferenciar marketing digital y tradicional.

2. Conocer qué son marketing relacional y viral.

3. Describir el marketing mix y su evolución con Internet.

Introducción

La universalización de la Web 2.0 y la aparición y éxito de las redes sociales ha modificado la visión tradicional del marketing, que pasa a basarse en la comunicación.

En consecuencia, la forma de afrontar la estrategia y de generar los contenidos deben adaptarse a las nuevas características y lenguaje propios del nuevo medio en el que se van a desarrollar.

1. El concepto marketing

1.1. Introducción

El marketing es un término que nos resulta familiar por lo extendido del término en el ámbito social actual.

El "inventor" del término moderno es Philip Kotler, economista estadounidense que comenzó estudiando las ciencias del comportamiento para terminar definiendo el marketing como "la técnica de administración empresarial que permite anticipar la estructura de la demanda del mercado elegido, para concebir, promocionar y distribuir los productos y/o servicios que le satisfagan y/o estimulen, maximizando al mismo tiempo las utilidades de la empresa".

Su definición, con ser bastante acertada, a día de hoy ha quedado un poco incompleta porque "tiene que evolucionar a algo mucho más acorde con nuestro tiempo en el que la inmediatez de la información y la segmentación total han cambiado completamente nuestros hábitos de compra".

En otras palabras, Kotler ve el marketing digital como una evolución del marketing tradicional que se adapta a las nuevas tecnologías y canales digitales para llegar a los clientes y entregarles ofertas que satisfagan sus necesidades y deseos.

> *"El marketing digital es un proceso para crear, comunicar, entregar e intercambiar ofertas que tienen valor para los clientes, los clientes potenciales y la sociedad en general, a través de los medios digitales".*
>
> *Phillip Kotler.*

1.2. Principios del nuevo marketing

El propio Philip Kotler definió los **principios del nuevo marketing** en varias tesis:

1. *Customer Centricity* (**Centrado en el cliente**). El marketing digital debe centrarse en las necesidades y deseos de los clientes y proporcionarles valor a través de la creación de ofertas personalizadas y relevantes.

2. *Data Driven* (**Basado en datos**) . El marketing digital se basa en la recopilación y análisis de datos para informar la toma de decisiones y mejorar la eficacia de las campañas.

3. *Interactivity* (**Interactividad**). El marketing digital permite una interacción en tiempo real con los clientes a través de los medios digitales, lo que permite una retroalimentación constante y la oportunidad de ajustar las estrategias en función de las respuestas del cliente.

4. *Omnichannel* (**Omnicanal**). El marketing digital se realiza a través de múltiples canales digitales, lo que permite una experiencia de marca consistente y una comunicación más efectiva con los clientes. También se conoce como marketing 360º.

5. *Speed* (**Velocidad**). El marketing digital permite la rápida implementación de nuevas estrategias y la capacidad de responder a los cambios en el mercado y las preferencias de los clientes de manera más eficiente.

Pues bien, el marketing digital es aquel que aplica estos principios del nuevo marketing pero aplicados a los nuevos canales de comunicación digital, fundamentalmente los basados en Internet, desde el posicionamiento en buscadores hasta el uso de las redes sociales como herramienta.

Aunque también puede incluir otros elementos como la TV y radio digitales, telefonía móvil o campañas de anuncios en buscadores o páginas.

 El **marketing 360º** es un enfoque integral de marketing que abarca todos los aspectos de la presencia de una marca en el mercado, tanto en línea como fuera de línea. Este enfoque se centra en la experiencia completa del cliente y busca crear una presencia coherente y unificada de la marca a través de todos los puntos de contacto con el cliente.

Implica la integración de diferentes estrategias de marketing, como publicidad, relaciones públicas, marketing de contenidos, marketing por correo electrónico y marketing en las redes sociales, para brindar una experiencia de marca coherente y unificada para los clientes.

../..

../..

Este enfoque también implica la recopilación y análisis de datos sobre el comportamiento de los clientes para comprender mejor sus necesidades y preferencias. La información recopilada se utiliza para mejorar continuamente la experiencia del cliente y maximizar el impacto de las estrategias de marketing.

Se ha vuelto cada vez más importante con el aumento de la interacción de los clientes con las marcas a través de múltiples canales digitales. Este enfoque permite a las marcas crear una presencia de marca sólida y una experiencia de marca consistente a través de todos los puntos de contacto con el cliente.

La **analítica web** es el proceso de recopilar, analizar y reportar datos de tráfico de un sitio web con el objetivo de comprender y optimizar el rendimiento del sitio. La analítica web se utiliza para medir el éxito de una estrategia de marketing en línea, identificar oportunidades de mejora y ajustar la estrategia en consecuencia.

Los datos recopilados en la analítica web incluyen información sobre la fuente de tráfico (por ejemplo, motores de búsqueda, redes sociales, campañas publicitarias), la frecuencia y la duración de las visitas, las páginas más visitadas y la tasa de rebote (el porcentaje de visitantes que abandonan el sitio después de ver una sola página). Esta información puede utilizarse para mejorar la experiencia del usuario, aumentar la conversión y maximizar el retorno de la inversión en marketing en línea.

Hay varias herramientas de analítica web disponibles, como Google Analytics, Adobe Analytics y Piwik, que brindan una amplia gama de informes y análisis sobre el rendimiento del sitio web. La implementación de la analítica web es fundamental para cualquier estrategia de marketing digital exitosa.

2. Etapa orientda a la producción

Dentro de esta disciplina, los especialistas utilizan una serie de herramientas para alcanzar las metas que previamente han identificado, a través de la combinación y la mezcla.

El marketing mix se podría definir como el uso selectivo de las diferentes variables, herramientas de marketing para alcanzar los objetivos empresariales.

Fue McCarthy quien, a mediados del siglo XX (1960), acuñó la teoría de las "4 P´s":

- *Product* (producto).

- *Price* (precio).

- *Place* (distribución).

- *Promotion* (comunicación).

A continuación vamos a estudiar cada uno de los apartados:

⇨ **Producto**: en marketing un producto es todo aquello (tangible e intangible) que se ofrece a un mercado para su adquisición, uso o consumo y que puede satisfacer una necesidad o un deseo.

Llamamos entonces producto a objetos materiales o bienes, servicios, personas, lugares, organizaciones o ideas.

¿Cuáles son las decisiones que un emprendedor debe tomar respecto al producto?

- La formulación (técnica exacta, modo de producción del mismo).

- La presentación.

- El desarrollo de la marca.

- El *packaging* o características de empaquetado, etiquetado, envasado...

Es importante que comprendas que un producto no es algo estático, invariable, sino que posee un ciclo de vida (duración de este en el tiempo y evolución del mismo) que debe ir cambiando respecto a la respuesta del consumidor y de la competencia y que trataremos más adelante.

Para ilustrarlo con un ejemplo, no tendrás más que pensar en algún vehículo que haya aparecido en el mercado hace bastantes años (20, por ejemplo) y todas las evoluciones que ha sufrido según los cambios en la percepción, hábitos, gustos del consumidor.

⇨ **Precio**: con la palabra precio nos referimos a la cantidad económica que inter-cambiará el cliente con nosotros al realizar la transacción.

Aquí el emprendedor debe tomar para cada producto decisiones como:

- La cantidad económica.

- Las formas permitidas de pago (efectivo, cheque, en efectivo...).

- Descuentos (por pronto pago, volumen...).

¿Cómo establecer un precio de forma correcta? Para ello existe un método en el cual se realiza una investigación de mercado, se analizan los costes, el sector... y después de ello se fija.

Este elemento del marketing mix es el único que se puede considerar ingreso, puesto que los demás (producto, comunicación y distribución) producen costes.

⇨ **Distribución**: la distribución se refiere a la forma en que comercializaremos el producto o servicio que ofrecemos. En él se diseña el canal de distribución, es decir, el cómo, quién, etc., va a llevar a cabo la comercialización del producto/servicio. Siempre tiene que tenerse en cuenta que debe cumplir un requisito: que dicho producto/servicio llegue en el momento adecuado, en las condiciones adecuadas.

⇨ **Promoción (comunicación)**: la comunicación es el último aspecto que debemos trabajar en el marketing mix. Para lograr los objetivos propuestos utilizaremos estrategias para comunicar, informar y persuadir al cliente sobre nuestra empresa, productos, ofertas, etc.

3. Orientación a las ventas

3.1. Definición del modelo M2C

 Hablamos aquí de e-commerce (*electronic commerce*, en inglés), que es la compra y venta de productos o de servicios a través de medios electrónicos, como Internet y otras redes informáticas.

Este tipo de comercio nace con Internet móvil. Utiliza el teléfono y otros dispositivos móviles para conectar al usuario y empresas con la web. De este modo, aumentarán las ventas de muchos productos.

Con Internet es mucho más fácil llegar al cliente final por parte del fabricante. Este modelo M2C consiste, como decíamos, en la venta de productos o servicios a través de la red directamente desde el fabricante o proveedor.

Generalmente, a este modelo se le atribuyen ventajas como la mejora de la eficiencia o la disminución de intermediarios.

El problema se puede producir en el caso de que Internet conviva con otros canales en la comercialización de los productos de la empresa, ya que así puede poner en riesgo la existencia de los intermediarios (canales). Pero, en la realidad se produce una "reintermediación" en la nueva cadena de valor, y aparecen los infomediarios para facilitar el proceso de compra de los clientes.

3.2. Los infomediarios

Los infomediarios **recopilan** grandes cantidades de **datos provenientes de diversas fuentes**, que **analizan, criban y organizan** de manera relevante para ofrecerlos en calidad de proveedor neutral a los usuarios que los requieran.

Habitualmente tienden a la especialización, ofreciendo datos acerca de un sector exclusivo del mercado. **El infomediario presenta como valor añadido, su capacidad y habilidad para estructurar la oferta que presenta la red.**

Se pueden distinguir **dos tipos de infomediario,** según en qué extremo de la transacción se encuentren sus clientes.

1. **En el caso de ser consumidores,** les facilita un determinado proceso comercial proveyendo para su consulta contenidos minuciosos acerca de los productos o marcas involucradas. Es decir, reúne información sobre la oferta de valor de varios proveedores al respecto.

2. **Si se trata de negocios,** recopila para ellos información acerca de los públicos y sus hábitos de consumo que les ayudará en el desarrollo de productos y su comercialización.

Todos aquellos sitios web que solicitan al internauta información personal, y la venden a terceros, tienen la categoría de infomediarios.

Los ingresos de un infomediario provienen de las inserciones realizadas en sus espacios publicitarios y de la comisión que le corresponda por intermediar en cada transacción conseguida.

¿Cuándo son útiles los infomediarios?

1. **En mercados fragmentados,** porque reúnen a clientes y proveedores en un mismo lugar, facilitando un acceso rápido a la información y comparación de ofertas y contenidos con valor añadido.

2. **En los casos en que la oferta caduca rápidamente**, por ejemplo: billetes de avión. El infomediario pone esta información al alcance de los clientes y la posibilidad de compra, arreglándolo todo en cuestión de minutos y llevándose una comisión sobre la venta.

Los infomediarios pueden incluir a cualquier tienda online (como Amazon o eBay), así como a los intermediarios tradicionales que están introduciéndose en Internet para convertirse en infomediarios. Entre estos últimos, merece la pena destacar a los bancos y a las grandes superficies comerciales, que están estableciéndose como infomediarios aprovechando la gran imagen de marca que poseen entre los consumidores.

El infomediario realiza las siguientes actividades:

⇨ **Organizar** y modelizar a los compradores.

⇨ Organizar y **modelizar** a los vendedores.

⇨ Modelizar las **relaciones comerciales** a través de:

- Agregación de la demanda.

- Traslación de esa demanda a la oferta.

- Mecanismos para llevar a cabo las transacciones (pujas, intercambios bidireccionales, licitaciones, negociación directiva).

- Sincronización de la demanda agregada con todos los eslabones de la cadena de valor, incluyendo la cadena de aprovisionamiento.

⇨ Crear servicios de **valor añadido**.

El papel de los infomediarios es especialmente importante a la hora de permitir que las empresas puedan ampliar su base de proveedores. Los infomediarios más rentables son aquellos que se dedican a determinados nichos del mercado.

Existen tres modelos de negocio que se podrían considerar como infomediarios.

⇨ **Agregados de compra**: e-Mercados controlados por la parte compradora. Estos sitios web ayudan a los compradores cuando se trata de productos muy fragmentados, ofreciéndoles un único punto de contacto con sus vendedores o proveedores.

⇨ **Pujas a la baja**: e-Mercados de subastas. Permiten realizar pujas a la baja, o subastas al alza, de modo que aquel que inicie el proceso obtenga el mejor precio.

⇨ **Neutrales**: cuyo objetivo es aumentar la eficiencia de los mercados excesivamente fragmentados permitiendo encajar la oferta con la demanda.

Todos estos modelos poseen en común el hecho de tratar de reunir a los compradores y vendedores en un único lugar.

- *www.nielsen.com* que obtiene datos de audiencia online que después vende a los anunciantes o agencias para que puedan planificar sus campañas.

- *www.infojobs.net* que pone en contacto a empresas y potenciales empleados aglutinando las ofertas de las empresas por un lado y los CV de los candidatos por otro.

3.3. Los metamediarios

El desarrollo de Internet ha dado lugar a otra figura llamada metamediario.

Los metamediarios **son aglutinadores de información, servicios y ofertas referidas a actividades concretas de los clientes, convirtiéndose en el vínculo de unión entre los clientes y los proveedores**. Facilita las transacciones entre compradores y vendedores proveyendo información amplia y servicios secundarios.

El metamediario es la respuesta adecuada al cambio que supone la red de **sustituir la importancia del lugar por el espacio**. El cliente se encuentra ante una oferta mucho más elevada de alternativas y un exceso de información no suficientemente bien estructurada, por lo que requiere de un facilitador que ordene, estructure y entregue lo solicitado de forma rápida y adecuada a sus necesidades.

El metamediario aglutina el conjunto de todas las informaciones y proveedores necesarios para **satisfacer la compra y venta efectivas de un producto** optimizando al mismo tiempo los costes mínimos de búsqueda de información del cliente, con los costes de consecución de clientes de los proveedores y, por tanto, con el mejor resultado global para cada una de las partes, quedándose con una parte del valor generado y obteniendo el cliente la mayor parte.

- *www.edmunds.com* dispone de varios sitios web que involucran y educan a los consumidores, aficionados y conocedores de automóviles.

La empresa del ejemplo no solo ofrece información para que los clientes elijan coche, sino que también da otros valores añadidos: redes sociales, publicaciones y comentarios dirigidos a las empresas.

4. De la etapa de ventas al marketing

4.1. El marketing mix

Como ya hemos visto, fue McCarthy quien explicó el origen del término.

Sin embargo, **el marketing relacional ha transformado las "4 P's" en "4 C's"**, como se puede ver en el gráfico que bien puede servir de resumen.

Para ello debemos tener en cuenta que el marketing social no debe considerarse como un fragmento del marketing tradicional sino como un elemento nuevo que añadir al plan de marketing. Y para explotar sus beneficios y obtener resultados debemos tener en cuenta una serie de herramientas y tecnologías inherentes al marketing social basado en Internet:

a) **Sitios especializados**: genera contenidos y servicios en Internet que apoyen las campañas de publicidad, tanto si estas son offline o exclusivamente online o una mezcla de las dos.

b) **Actualidad**: los contenidos que generes deben estar actualizados y destinados tanto a los clientes como a la propia empresa.

c) **Eventos online**: explora nuevos formatos que te hagan aparecer dentro de las tendencias actuales: entrevistas, seminarios web, conferencias...

d) **Respuestas**: establece una herramienta de respuestas online para los clientes y usuarios.

e) **Enlaces**: busca enlaces con otras empresas o colaboradores en busca de sinergias. Si sabes algo de SEO sabrás de la importancia de los enlaces.

f) **Email marketing**: un uso adecuado de esta herramienta puede ser muy benefi-cioso a la hora de transmitir información relevante.

g) **Redes sociales**: explora y explota las posibilidades que ofrecen las redes sociales.

4.2. Cómo desarrollar un plan de marketing digital

El marketing tradicional offline ha venido desarrollando su estrategia en base a las 4 variables que conforman: las **4 P's de McCarthy** [*Product* (producto), *Price* (precio), *Place* (distribución) y *Promotion* (comunicación)].

Pero Internet ha venido a añadir una **quinta P** [*Partners* (socios), debido a la interre-lación que es la esencia de la World Wide Web 2.0. Esta quinta P plantea que ese socio puede ser tanto un cliente como un colaborador].

De hecho, hay múltiples **ejemplos de esta colaboración de los clientes con la empresa**, ya sea en el diseño de sus productos, en las campañas publicitarias, etc. No hace mucho, Facebook presentó una política con respecto a la privacidad de los datos personales de sus clientes, ante la que la red alzó su voz porque los consideraba abusi-vos, y tuvo que dar marcha atrás ante la avalancha de comentarios.

Disponer de un sitito web donde presentar los productos de la empresa no es sufi-ciente para conseguir el **objetivo principal que no es otro que vender**.

Si a ese sitio web no viene nadie, pues nadie será quien nos conozca. De ahí la importancia de generar tráfico hacia esa web. Y, ¿cómo lo hacemos? ¿Cómo consegui-mos que los usuarios nos encuentren?

5. El marketing tras la llegada de Internet

Para finalizar, veamos lo que se dice respecto a Internet y el marketing mix tradi-cional. Comenzaremos explicando los cambios que Internet supone para las 4 P's del marketing mix:

⇨ **Macrosegmentación. Personalización. Producto**: una de las direcciones hacia las que avanza Internet es hacia los sitios comercialmente unteligentes. El futuro se orienta hacia un contenido único por usuario y situación (entorno, ánimo, …) del mismo. No obstante, sí que pueden ya ponerse en práctica pequeñas acciones en esta línea como personalizar una página de aterrizaje en función de la campaña y/o los términos clave por los que el usuario haya llegado al sitio, por ejemplo.

⇨ **Menor número de agentes. Comparación rápida. Precios**: una de las direc-ciones hacia las que avanza Internet es hacia los sitios comercialmente inteligentes. El futuro se orienta hacia un contenido único por usuario y situación (entorno, ánimo, etc.) del mismo. No obstante, sí que pueden ya ponerse en práctica pequeñas acciones en esta línea como personalizar una página de aterrizaje en función de la campaña y/o los términos clave por los que el usuario haya llegado al sitio, por ejemplo.

⇨ **Abaratamiento de los costes. En manos del propio fabricante. Distribución**: el coste derivado de la distribución tiende a reducirse debido a que el propio fabricante tiene ahora la posibilidad de comercializar su producto (añadiendo simplemente el coste neto del transporte).

⇨ **Interactividad. Mayor control. Distribución**: el coste derivado de la distribución tiende a reducirse debido a que el propio fabricante tiene ahora la posibilidad de comercializar su producto (añadiendo simplemente el coste neto del transporte).

Y termina con las siguientes **conclusiones**:

⇨ "Si estamos ante un canal que ejerce influencia sobre cada una de las variables que definen una estrategia de marketing, ¿no debería tener en cuenta este canal y planificar de manera inteligente mis acciones en él?

⇨ Internet configura un nuevo canal de actuación para una empresa. Pero ya pasó la etapa embrionaria de llevar a cabo acciones online sin objetivos prestablecidos.

⇨ Ahora toca pararse a reflexionar, definir unos objetivos, crear un cuadro de mando con unos indicadores determinados, diseñar las acciones que se pondrán en marcha en Internet (de acuerdo a los objetivos y en base a los indicadores) y ponerse manos a la obra (ahora sí, después de todo el trabajo previo de planificación y siempre con una actitud proactiva ante el feedback recibido de los propios usuarios y de las herramientas de analítica web)".

El innegable impacto de Internet y de los canales 2.0 en el marketing mix pone de manifiesto la necesidad de evaluar los cambios que Internet puede provocar en las políticas de precio, producto, comunicación y distribución del negocio.

El avance de Internet ha provocado importantes cambios en la estructura de la mayoría de los sectores empresariales. Así, las empresas deben conocer y evaluar el impacto de Internet en su sector para poder definir una estrategia de implantación gradual en sus procesos y en los servicios que ofrecen a sus clientes.

6. Breve historia de Internet

Como muchos de los inventos realizados por el ser humano, **Internet surgió del ingenio militar**.

⇨ **Años 60**

En plena guerra fría y como consecuencia del fortalecimiento del comunismo, las Fuerzas Aéreas de Estados Unidos piden a un reducido grupo de investigadores que creen una red de comunicaciones militares que pudiera resistir un ataque nuclear. Esta red debía estar descentralizada, de manera que pudiera seguir funcionando aunque se destruyeran uno o varios equipos. Así, en el hipotético caso de un ataque ruso, se podría tener acceso a la información militar desde cualquier punto del país.

⇨ **Agosto de 1969**

Al margen del proyecto militar, ARPA (Agencia de Proyectos de Investigación Avanzados) crea la red experimental ARPANET cuyo fin era conectar cuatro universidades. Dos años después, ya contaba con unos 40 ordenadores conectados. Tanto fue el crecimiento de la red que su sistema de comunicación se quedó obsoleto. Entonces dos investigadores crearon el Protocolo TCP/IP, que se convirtió en el estándar de comunicaciones dentro de las redes informáticas (actualmente seguimos utilizando dicho protocolo). Actualmente, ARPANET es considerada la precursora de Internet.

⇨ **1971**

Ray Tomlinson desarrolla un nuevo medio de comunicación: el correo electrónico. El contenido del primer correo electrónico fue: QWERTYUIOP.

⇨ **1980**

Tim Berners Lee, que dirigía la búsqueda de un sistema de almacenamiento y recuperación de datos en el Centro Europeo de Investigaciones Nucleares (CERN), diseña un sistema de navegación de hipertexto y desarrolla, con la ayuda de Robert Cailliau, un software denominado Enquire para la navegación.

⇨ **1984**

Se implementa el sistema de nombres DNS para remediar la falta de flexibilidad inherente en archivos host, donde los nombres de los equipos y sus direcciones se almacenaban en archivos de texto que debían actualizarse manualmente. ARPANET siguió creciendo, cualquier persona podía tener acceso a la red.

⇨ **1985**

Internet ya es una tecnología establecida, aunque conocida por unos pocos.

⇨ **Finales de 1990**

Berners Lee termina el protocolo HTTP (Protocolo de transferencia de hipertexto) y el protocolo HTML (Lenguaje de marcado de hipertexto) para navegar por las redes a través de hipervínculos. Así nació la World Wide Web. La nueva fórmula permitía vincular información en forma lógica y a través de las redes. El contenido se programaba en un lenguaje de hipertexto con "etiquetas" que asignaban una función a cada parte del contenido. Luego, un programa de computación, un intérprete, era capaz de leer esas etiquetas para desplegar la información. Ese intérprete sería conocido como navegador o "browser". El desarrollo de la red era tal que hacia el año 1990 ya contaba con alrededor de 100.000 servidores.

⇨ **1993**

Marc Andreessen produce la primera versión del navegador Mosaic, que permitió acceder con mayor naturalidad a la WWW. La interfaz gráfica iba más allá de lo previsto. Poco después, Andreessen encabezó la creación del programa Netscape.

⇨ **Actualidad**

A partir de 1993, Internet comenzó a crecer más rápido que otro medio de comunicación, convirtiéndose en lo que hoy todos conocemos. Ha supuesto una revolución sin precedentes en el mundo de la informática y de las comunicaciones. Los inventos del telégrafo, teléfono, radio y ordenador sentaron las bases para esta integración de capacidades nunca antes vivida. Internet es a la vez una oportunidad de difusión mundial, un mecanismo de propagación de la información y un medio de colaboración e interacción entre los individuos y sus ordenadores independientemente de su localización geográfica. Algunos de los servicios disponibles en Internet aparte de la web son el acceso remoto a otras máquinas (SSH y telnet), transferencia de archivos (FTP), correo electrónico (SMTP), conversaciones en línea (IMSN MESSENGER, ICQ, YIM, AOL, jabber), transmisión de archivos (P2P, P2M, descarga directa), etc.

Algunos de los servicios disponibles en Internet, aparte de la web, son el acceso remoto a otras máquinas (SSH y telnet), la transferencia de archivos (FTP), el correo electrónico (SMTP), las conversaciones en línea (IMSN MESSENGER, ICQ, YIM, AOL, jabber), la transmisión de archivos (P2P, P2M, descarga directa), etc.

7. Internet como herramienta de marketing

Estamos viendo cómo Internet se ha convertido en una herramienta de marketing imprescindible, ayudado por el marketing mix.

Gracias a Internet, la información llega a todas partes de una manera rápida, sencilla, accesible, y se ha convertido en el principal protagonista de cualquier campaña publicitaria.

El mundo virtual lo es todo. Una persona puede realizar cualquier consulta sobre un tema, producto, realizar una compra, etc., a través de Internet. Las redes sociales son primordiales también aquí, se pueden consultar personas, productos, empresas, opiniones, etc.

Todo eso genera una opinión en la persona que lo busca que puede hacer que adquiera o no un producto, que siga o no a una persona, etc. Todo esto hace que cambien las reglas del marketing tradicional, como estamos viendo y veremos en este contenido. Hay que adaptar todo al marketing digital, para poder generar el tráfico que queremos en nuestra web y lograr el mayor número de seguidores posible.

El éxito de una campaña publicitaria depende, en un gran porcentaje, de la campaña publicitaria que se realice en la Red. El plan de marketing debe ir orientado a conseguir el mayor número de visitas, tráfico, acceso a nuestra web... Iremos viendo cómo hacerlo.

8. Beneficios de Internet para el marketing

1. Es más **económico.**

   Por ejemplo solamente empleando una fracción del presupuesto destinado a publicar un aviso mensual en una revista se pueden desarrollar campañas de promoción durante todo el mes en la red.

2. Nos permiten **segmentar el mercado más fácilmente**.

   Podemos colocar anuncios en sitios relacionados con nuestros productos o servicios en distintos formatos web: foros, blogs, portales temáticos, periódicos online, etc.

3. Se pueden realizar campañas más **dinámicas**.

   Un anuncio en un periódico, un sport de televisión o una cuña de radio tendrá un formato que no podremos cambiar mientras dure la campaña. Pero un anuncio de Ads, por ejemplo, podrá ser cambiado totalmente en el momento en que queramos y además dispondremos de una gran cantidad de información sobre resultados económicos para realizar las correcciones que estimemos oportunas.

   Nos permitirá controlar la inversión publicitaria en función de las ganancias obtenidas.

En Internet, los avisos pueden cambiar a diario (como de hecho sucede con muchos banners) y, de esta manera, es posible destacar distintos aspectos del producto publicitado a lo largo del tiempo.

4. Mayor **vistosidad**.

En Internet, los avisos pueden estar en movimiento, incorporar texto, música e imagen al mismo tiempo o aparecer en una sección específica de la página. Muchos de los medios tradicionales no cuentan con estas ventajas.

5. Mayor **implicación por parte del usuario/cliente**.

Internet permite aumentar la información que le llega al cliente de nuestros productos o servicios. Y al mismo tiempo al cliente que pueda cuestionar, votar, criticar o alabar nuestro producto (comentarios en los blogs, en portales temáticos, foros, etc.).

Esta interrelación e implicación siempre resultará beneficiosa para nosotros porque nos permitirá fijar nuestra atención en aquellos aspectos que más gustan a los clientes y también resolver errores en aquellas cuestiones que les desagradan.

6. Busca una **relación de continuidad con el usuario/cliente**.

Se dirige al consumidor como individuo-persona; se utilizan bases de datos para tener almacenados los gustos; compras y comportamientos de los clientes; se utiliza la información proporcionada por el cliente para lanzar campañas explícitas para el mismo.

7. Es más fácil **medir el resultado** de la inversión publicitaria así como el retorno de esta inversión.

Hay que destacar el impacto que provoca la publicidad online al combinarla con la publicidad tradicional, ya que ambas pueden funcionar perfectamente al unísono.

Mientras una campaña de publicidad tradicional eleva en un 2% la intención de compra o aceptación del producto en el público expuesto, la combinación de los medios tradicionales con la publicidad online incrementa este índice hasta el 12%.

La publicidad online es más ventajosa que la tradicional desde varios puntos de vista:

- Es más económica.

- Permite una mayor interactividad con el receptor.

- Posibilita más dinamismo en las propuestas.

- Profundiza la segmentación del público al que se dirige la empresa.

- Trabaja perfectamente en concordancia con los medios tradicionales, potenciando la llegada y efectividad de estos últimos.

9. Diferencias de ideas y conceptos entre el marketing online y el marketing tradicional

El marketing tradicional, basado principalmente en prensa, radio, TV, telemarketing, mailings, ha saturado completamente al consumidor, que, víctima de los excesivos impactos publicitarios a los que se ve sometido a diario, desconfía e incluso rechaza la publicidad en sus formas tradicionales: cambia de canal, pasa las páginas con anuncios, marca como spam los correos comerciales e incluso se declara a favor de limitar o incluso eliminar la publicidad en muchos ámbitos.

El nuevo reto es afrontar el marketing desde el punto de vista que ofrece Internet y las plataformas de comunicación que se han desarrollado en torno a él, y las herramientas que pone a nuestra disposición.

No obstante, ser "digital" es más que ser una empresa en Internet. Es aprovechar los medios digitales. Ante ello se pueden hacer muchas cosas aprovechando los medios actuales.

⇨ **Características**

- Canales de promoción.

- Alcance.

- Costes.

- Medición de resultados.

- Personalización.

- Interacción con el cliente.

⇨ **Marketing tradicional**

- Medios tradicionales como televisión, radio, periódicos, volantes, etc.

- Alcance limitado a la zona geográfica de la campaña

- Coste elevado por producir y distribuir material publicitario.

- Difícil de medir de manera precisa.

- Difícil de personalizar la promoción para un público específico.

- Limitada a través de llamadas telefónicas o visitas en persona.

⇨ **Marketing digital**

- Internet, dispositivos móviles, redes sociales, correo electrónico, etc.

- Alcance global a través de Internet.

- Coste más bajo porque llegan a público más amplio con inversión menor.

- Fácil de medir y monitorear por herramientas de análisis en línea.

- Fácil de personalizar con técnicas de marketing por email y publicidad en línea.

- Fácil de interactuar con clientes a través de redes sociales, chats, email, ec.

En resumen, el marketing digital ofrece un alcance más amplio, un costo más bajo y una medición de resultados más precisa en comparación con el marketing tradicional. Además, permite una personalización y una interacción con el cliente más efectivas.

10. Los catálogos electrónicos

El concepto de tienda virtual representa el intento de trasladar la "operativa" comercial habitual de un comercio tradicional a Internet.

Lo primero que tenemos que hacer cuando nos planteamos crear una tienda virtual es saber a quién nos dirigimos (público objetivo, también PO) y qué queremos ofrecerles.

Hay que disponer de un buen catálogo de productos y contenidos y buscar relaciones con otras web para conseguir notoriedad.

Las **ventajas** de los catálogos digitales son:

⇨ Permiten ver los productos de forma rápida, sencilla, económica, etc., y, a las empresas, personalizar la información y tener una mayor flexibilidad.

⇨ Permiten que se puedan anunciar productos o servicios con vídeos y elementos multimedia, tan importantes hoy en día para publicitarse.

⇨ Es importante cuidar las imágenes que aparecen, ya que influyen en las decisiones de compra. El aspecto visual del catálogo acompaña al cliente en todo el proceso de compra.

⇨ Son más económicos que los catálogos impresos. Se ahorran costes y se facilita el acceso al cliente.

⇨ Se puede controlar el envío masivo de publicidad, que no suele gustar al cliente, ya que se puede consultar todo en el mismo catálogo. Además, facilitan el rastreo de ventas y capturar los datos de los consumidores.

11. El nacimiento del marketing electrónico

El **marketing electrónico** pretende ser una adaptación de la filosofía de la Web 2.0 al marketing, por la cual debe estar centrado en el consumidor y permitir la interacción entre la campaña de promoción y el público que la recibe. El marketing electrónico ha representado un cambio en la compra de bienes y servicios. Ahora los clientes toman decisiones bajo sus propios términos, apoyándose en las redes sociales para formar opiniones o para opinar. El marketing no lo hacen solamente los directivos y las agencias, sino el propio consumidor (que se convierte de esta forma en un prosumidor). Es por ello que, cada vez más, las empresas se preocupan por su reputación online (el estado de su marca en Internet) y por la atención y respuesta a sus clientes, habiéndose creado incluso nuevas profesiones ligadas a esta función como la de community manager.

El marketing electrónico, también llamado marketing digital, marketing 2.0 o marketing en Internet, se caracteriza por la utilización de estrategias comerciales en medios digitales. Para ello hace uso de dispositivos electrónicos como ordenadores personales, teléfonos inteligentes, tablets, consolas de videojuegos y smart TV. Utiliza tecnologías como las páginas web, correo electrónico, apps (aplicaciones móviles) y redes sociales. También puede darse a través de canales que no utilizan Internet como la televisión, la radio o los mensajes SMS. Su importancia es cada vez mayor en un mundo cada vez más interconectado y porque permite a los expertos en marketing un seguimiento más preciso del retorno de inversión o ROI.

El marketing electrónico se inició en los años 90 a través de páginas web sencillas, con texto e imágenes como únicos elementos, que ofrecían información de productos y servicios (en ese entonces se refería principalmente a hacer publicidad hacia los clientes). Con las mejoras técnicas de Internet se fueron ofreciendo con el tiempo formas publicitarias más complejas, que incorporaban animaciones o vídeos.

Con el tiempo llegaría la introducción del comercio electrónico que permitía la contratación/compra y pago de servicios o productos por Internet. Aparecieron negocios que operaban exclusivamente en Internet para promover y vender sus servicios.

Durante la década que va desde el 2000 al 2010, el auge de nuevas herramientas sociales y móviles le dieron el empujón definitivo al marketing electrónico.

Poco a poco se fue transformando de hacer publicidad al concepto de crear una experiencia que involucre a los usuarios, de modo que cambie su concepto de lo que es ser cliente de una marca.

Esto ocurrió cuando el concepto de Web 1.0 (aquella en la que se publicaban contenidos, pero sin mucha interacción con los usuarios) dio paso a la **Web 2.0** (generada cuando las redes sociales y las nuevas tecnologías de información permitieron el intercambio de vídeos, gráficos, audios, entre muchos otros, así como crearon interacción con las marcas).

Este crecimiento de dispositivos para acceder a medios digitales ha sido sin duda lo que ha generado un crecimiento exponencial del marketing electrónico.

El poder de los usuarios de obtener la información que necesitan o les interesa (a través de buscadores, redes sociales, mensajería, entre muchas otras formas) sin duda transformó las formas de llegar a ellos y, por lo tanto, el marketing electrónico.

El marketing electrónico nace entre 1990 y 1994 coincidiendo con los avances en tecnología 2.5 G, que sentará las bases para la explosión de la telefonía móvil; el nacimiento de la WWW y el correo electrónico se convierte en herramienta de comunicación masiva.

Con el boom de las **puntocom** llegan los motores de búsqueda (Yahoo!, Ask y Google) y en 1998 ya se habla de **SEO** u optimización del posicionamiento en los buscadores. En 2005 las búsquedas comenzarán a ser personalizadas, basadas en el historial de búsqueda de cada internauta.

Justo antes de finalizar el siglo pasado se produce el nacimiento del *blogging*. Muchos blogs generan una gran cantidad de dinero. En 2004 ya había más de 50 millones de blogs.

En el año 2000 Google crea la herramienta **Analytics** que ofrece información sobre tráfico, audiencia y comportamiento del usuario en un sitio web. Se convierte en una herramienta indispensable para los profesionales del marketing electrónico.

También surge **Ads** o posicionamiento en los buscadores mediante anuncios de pago.

En 2003 aparecen las primeras redes sociales (LinkedIn, MySpace y Facebook). En 2005 aparece **YouTube**, que es adquirido por Google un año después, y que se convierte en una de las plataformas publicitarias más utilizadas. Nace el fenómeno del youtuber, o creador de vídeos en YouTube que obtiene ingresos gracias a la visualización de los mismos.

A partir de aquí las innovaciones se producen cada vez con más celeridad y sin descanso.

12. Cómo desarrollar un electonic marketing plan (EMP)

Hemos visto anteriormente cómo conseguir una estrategia online. Estas son algunas de las alternativas que nos podemos plantear:

⇨ **SEO** *(Search Engine Optimization)*: posicionamiento orgánico o natural en buscadores de Internet.

⇨ **SEM** *(Search Engine Marketing)*: posicionamiento mediante acciones de marketing en buscadores de Internet (publicidad online).

⇨ **Email marketing:** campaña de marketing directo con segmentación, generalmente mediante permission marketing.

⇨ **Programas de afiliados**: redirección de tráfico de usuarios potenciales a la web del anunciante mediante enlaces en otro sitio web (del afiliado, que recibe comisión).

⇨ *Inbound* **marketing:** estrategia de marketing basada en la creación y gestión de contenido útil y de interés, destinado a canales sociales.

Desde el marketing tradicional hasta el marketing social hemos visto elementos comunes pero, sobre todo, cómo Internet ofrece nuevas herramientas, un nuevo lenguaje y un nuevo territorio de actuación para las empresas.

El marketing digital añade nuevos canales, pero no tienen por qué ser excluyentes de los tradicionales, el nuevo marketing mix contempla campañas capaces de combinar "marketing offline" con "marketing online".

La gran innovación ha sido el potencial para crear grandes campañas de marketing y de comunicación en nuevos canales que implican un coste mucho menor, lo que hace que muchas empresas que antes no tenían presupuesto para ciertas campañas y niveles de notoriedad, en la actualidad lo tengan.

Lo que no cambia, en ningún caso, es el proceso de planificación, definición de objetivos, puesta en práctica, medición de resultados y corrección de errores.

UNIDAD DIDÁCTICA 2

El plan marketing

Contenido & Objetivos

Introducción

1. **Las fases de un e-marketing plan (EMP)**

2. **Análisis de la situación**

3. **Análisis interno en la propia empresa**

4. **Análisis del entorno**

5. **Entorno general**

6. **Entorno comercial**

7. **Debilidades, fortalezas, amenazas y oportunidades**

8. **Los objetivos de un e-marketing plan (EMP)**

9. **El modelo AIDA. Las variables de e-marketing mix**

Resumen

Los **objetivos** de esta unidad son:

1. Identificar los tres niveles de decisión de la empresa: estratégico, planificación y operativo.

2. Explicar las características y la utilidad de un plan de marketing.

3. Describir el esquema, contenido y fases de un plan de marketing.

4. Conocer los pasos de la fase de análisis de la situación.

5. Aplicar las políticas operativas de marketing.

Introducción

Empezaremos esta unidad analizando el plan de marketing, el concepto y las características que debe poseer. Estudiaremos cómo realizar el análisis de la situación mediante la técnica del análisis DAFO.

Respecto al establecimiento de los objetivos del marketing, estudiaremos los principios generales y los factores a tener en cuenta en la determinación de los objetivos del marketing.

1. Las fases de un e-marketing plan (EMP)

El número de usuarios de Internet es cada día mayor. Según un estudio de mercado, a escala global, nueve de cada diez jóvenes de entre 18 y 30 años consultan cada mañana en sus *smartphones* el correo electrónico, las redes sociales o las aplicaciones de texto, incluso antes de levantarse de la cama. Actualmente, en España, el 86% de los internautas de entre 16 y 65 años utilizan redes sociales a diario, con igualdad de proporción entre hombres y mujeres, pero incluso hay países donde el porcentaje es ya del 100%.

La importancia de las redes sociales es cada vez mayor. Las ventas online crecen de forma constante y se estima que el número de personas que navegan y se informan por Internet, antes de comprar en los establecimientos tradicionales, actividad que se conoce como ROPO *(Research Online Purchase Offline)*, es 2,7 veces superior a las ventas por Internet.

En la evolución de Internet se distinguen dos etapas. Desde la Web 1.0, en la cual el internauta podía acceder a una cantidad ingente de información, a través de buscadores como Google, a la Web 2.0 en la cual el usuario no solo busca y recibe información, sino que participa en su elaboración y difusión. Hoy en día, a través de Facebook, YouTube, WhatsApp, Instagram, Pinterest o LinkedIn se comparten imágenes, archivos y contactos, así como ideas y conocimientos a través de blogs, wikis, marcadores sociales, etc.

Desde el punto de vista del marketing, la Web 1.0 permitía enviar un mensaje sobre nuestro producto o servicio a los potenciales clientes (con su permiso o no) para comunicarles algo que podía no interesarles. En la Web 2.0 la empresa habla con el cliente de persona a persona, lo que exige escuchar y aportar contenidos que interesen a los participantes en la conversación, con ello se puede conseguir que sean los propios usuarios los que recomienden los productos de la empresa a otros potenciales clientes.

En el plan de marketing online, por tanto, el análisis de la situación debe trasladarse al mercado digital y a la Web 2.0, lo que exige:

a) Identificar nuevos actores: potenciales clientes teniendo en cuenta las herramientas Web 2.0 y las redes sociales.

b) Establecer un entorno competitivo más allá del campo empresarial.

c) Colaborar con otras entidades.

d) Conocer el comportamiento de los usuarios al buscar marcas y productos.

e) Los intermediarios y las web de destino. Hay que comparar la página web de la empresa con las de la competencia y con otras que utilizan los usuarios en sus decisiones de compra.

f) Hay que conocer el impacto de las redes sociales en el comportamiento de los clientes y usuarios.

Las empresas utilizan el marketing online de cuatro formas: creando una página web, publicando anuncios y promociones en línea, estableciendo o participando en las redes sociales y a través del correo electrónico.

2. Análisis de la situación

Poner en marcha acciones de marketing sin un plan y una estrategia previa puede llevar al fracaso, ya que no contemplamos todos los aspectos que pueden condicionar el desarrollo de nuestro proyecto. Antes de desarrollar los pasos que definen la estructura de un plan de marketing digital es necesario que dominemos el ámbito online de nuestra empresa, nuestro target o público objetivo, en qué canales debemos tener presencia y quién es y qué hace nuestra competencia.

El primer paso del plan de **e-marketing** será el **análisis de la situación**. Es necesario realizar, en primer lugar, un análisis tanto interno como del entorno (análisis DAFO) de la empresa: mercado, recursos, competencia, puntos fuertes y débiles. Necesitamos conocer el ecosistema en el que nos movemos, ser conscientes de cuáles son las necesidades de los consumidores y dónde las cubren. Una evaluación tanto cualitativa como cuantitativa: hábitos digitales, intermediarios, *influencers*, etc.

Una de las prácticas cada vez más comunes es poner en marcha **técnicas de *benchmarking***, que consisten en tomar como referencia los mejores aspectos o prácticas (éxitos) de las empresas de la competencia e integrarlos en nuestra empresa, si puede ser agregándoles mejoras.

Realizar un análisis de la situación de la empresa en el plano digital es fundamental para los posteriores pasos del plan de e-marketing. Entre los factores que debemos estudiar están:

a) **Estudio de la web**. Debemos estudiar si nuestra web es **usable** y está orientada al cliente. Si es fácil acceder a la información que necesita el usuario **(navegación)**. Si el contenido es de calidad. Si el diseño es atractivo. Si actualizamos el blog de forma constante. Si tenemos botones sociales para compartir la web en redes sociales. Si la web es responsive y **se adapta** a los distintos dispositivos de visualización. Finalmente debemos estudiar los datos que nos da la **analítica web** para realizar mejoras.

b) **Estudio del SEO**. Debemos estudiar el posicionamiento actual de la web y comprobar si internamente está optimizada **(SEO onpage)** para las palabras clave que deseamos. También si la web es accesible e indexable frente a los motores de búsqueda. Si tenemos un plan de *linkbuilding* (con enlaces) debemos comprobar si está funcionando y compararlo con la competencia.

c) **SEM**. Debemos estudiar si nuestras campañas de publicidad (en Google Ads u otros medios) están bien realizadas (si podemos conseguir los mismos resultados con menos inversión, si las palabras clave están optimizadas, qué anuncios están obteniendo más conversiones, etc.).

d) **Social**. Debemos estudiar nuestra presencia en redes sociales, la publicidad en las mismas, si los contenidos son adecuados y el nivel de compromiso de los usuarios con nuestra marca.

e) **Otros aspectos** que debemos estudiar son las campañas de **email marketing, el comercio electrónico y nuestra reputación online**.

3. Análisis interno en la propia empresa

Consiste en realizar un estudio lo más detallado posible de las áreas de la empresa y conocer si los medios disponibles son adecuados a los objetivos fijados con objeto de conocer las fortalezas y debilidades de la empresa.

Se analizará considerando los siguientes factores, evaluándolos como fortaleza (F) o debilidad (D):

⇨ **Factores humanos**

Factor	F	D
Organización y estructura (es flexible, adaptada al proyecto).		
Eficiencia organizativa (alta, media, baja).		
Clima de trabajo (motivación, integración, etc.).		
Retribuciones (grado de competitividad con el mercado, retribución fija vs. variable).		
Adaptación a las exigencias del proyecto.		
Problemas para encontrar personal cualificado.		
Grado de conflictividad laboral.		
Otros.		

⇨ **Factores y capacidades técnicas**

Factor	F	D
Nivel tecnológico.		
Maquinaria, instalaciones y utillaje.		
Ingeniería, procesos y métodos.		
Mantenimiento.		
Productividad.		
Calidad objetiva, calidad total.		
Acuerdos, licencias y patentes.		
Sistemas de gestión y control.		
Espacio, distribución y capacidad de las instalaciones.		
Seguridad e higiene en el trabajo.		
Gestión de compras.		
Protección del medioambiente.		

Factor	F	D
Planificación de la producción.		
Gestión y control de costes.		
Otros.		

⇨ **Factores financieros**

Factor	F	D
Rentabilidad económica. ROI (sobre la inversión total).		
Rentabilidad financiera. ROE (sobre fondos propios).		
Solvencia e independencia financiera. Nivel de endeudamiento.		
Capacidad financiera (posibilidad de conseguir los recursos financieros necesarios).		
Margen comercial.		
Riesgo de la inversión.		
Otros.		

⇨ **Factores de gestión**

Factor	F	D
Estructura jurídica y accionarial.		
Titularidad del inmovilizado.		
Tipo de gestión.		
Estilo de dirección.		
Toma de decisiones.		
Gestión y control.		
Antigüedad de la empresa.		
Conocimientos de gestión.		
Calidad del equipo directivo.		
Responsabilidades por áreas.		
Seguros.		

4. Análisis del entorno

La empresa no opera de forma aislada sino que interactúa con otras empresas, proveedores, intermediarios, competidores clientes, organizaciones, autoridades locales, regionales, nacionales o internacionales que conjuntamente con el grado de desarrollo político, económico, social y tecnológico constituyen el entorno en el que se desarrolla la empresa. No son controlables pero influyen en su actividad. Este entorno está en continuo cambio y, pese a que la empresa no puede controlarlo, cuanta más información posea mejor podrá adaptarse al cambio.

El entorno se divide en dos: el **macroentorno** y el **microentorno**. El primero consiste en fuerzas sociales que influyen en los individuos y organizaciones, fuerzas políticas, económicas, sociales y tecnológicas. El microentorno son los demás individuos u organizaciones más cercanas a la empresa y con las que interactúa, proveedores, intermediarios, competidores y clientes.

5. Entorno general

⇨ **Análisis del mercado local**

Debe analizar los siguientes aspectos:

Facto	Impacto en la empresa		
	A	M	B
Naturaleza del mercado			
Situación y evolución de los segmentos de mercado.			
Tipología y perfil de los segmentos del mercado: necesidades satisfechas e insatisfechas, escala de valores, etc.			
Competidores por segmentos y sus cuotas de mercado.			
Cambios producidos en la demanda.			
Comportamiento de aquellas personas implicadas en el proceso de decisión de compra (prescriptores, compradores, usuarios).			
Estructura de mercado			
Tamaño de la oferta, productores, tipos de productos ofertados, marcas, segmentos elegidos.			
Competidores: perfil, importancia relativa, estrategia seguida.			

Facto	Impacto en la empresa		
	A	M	B
Nuevos entrantes.			
Productos sustitutivos.			
Evolución del sector.			
Canales de distribución existentes: importancia y evolución de los mismos.			

⇨ **Análisis del mercado internacional**

Como indicamos anteriormente, es solo un posicionamiento inicial y es el paso previo a posteriores análisis en profundidad para seleccionar los mercados. Se busca información genérica utilizando fuentes secundarias y se analizará:

Factor	Impacto en la empresa		
	A	M	B
Grado de internacionalización			
Multidoméstico.			
Intermedio.			
Globalizado.			
Grado de concentración del mercado			
Muy concentrado (oligopolio).			
Concentrado (grandes y acuerdos).			
Disperso.			
Tamaño de las empresas			
Solo grandes.			
Grandes y pequeñas en pequeños segmentos.			
Coexistencia de grandes y pequeñas.			
Fragmentación (solo pequeñas).			

Factor	Impacto en la empresa		
	A	M	B
Velocidad en cambios de propiedad en las empresas			
Ritmo de aparición de nuevos segmentos de mercado			
Canales de distribución			

⇨ **Análisis del macroentorno internacional**

Factor	Impacto en la empresa		
	A	M	B
Entorno jurídico: barreras arancelarias y no arancelarias.			
Entorno económico: perspectivas de crecimiento.			
Entorno social: demografía, clases sociales, etc.			
Entorno cultural/religioso.			
Entorno tecnológico.			

6. Entorno comercial

Los factores que interfieren en el mundo comercial son:

Factor	F	D
Estructura de las ventas (por productos, clientes o mercados).		
Existencia de clientes "cautivos".		
Nuevos lanzamientos previstos (existencia y grado de desarrollo).		
Ciclo de vida de los productos y mercados.		
Marcas y protección de las mismas.		
Segmentos de clientes.		
Distribución geográfica de las ventas.		
Red comercial, fuerza de ventas (recursos y estrategia de ventas).		
Nivel y política de precios.		

Factor	F	D
Publicidad y promoción.		
Comunicación de la empresa.		
Imagen de la empresa.		
Notoriedad de la empresa.		
Otros.		

7. Debilidades, fortalezas, amenazas y oportunidades

7.1. La técnica del análisis DAFO

Una vez realizado el análisis externo e interno de la organización se habrán descubierto qué oportunidades y amenazas ofrece el entorno y cuáles son las fortalezas y debilidades propias de la empresa.

 Tanto para crear una empresa, como para mantenerla y consolidarla en el mercado, es necesario satisfacer las necesidades del cliente objetivo pero, habitualmente, en el mercado no operaría de forma individual y aislada, sino que le afectarían muchos factores del entorno, entre otros, el de la competencia.

La realización de un estudio sobre la competencia supone el obtener información constante y permanente sobre la misma, de modo que podamos evaluar sus puntos fuertes y débiles, lo que constituye una serie de oportunidades y amenazas para nuestra propia empresa.

 Uno de los métodos de análisis más utilizados es el sistema DAFO, creado en la década de los sesenta por Albert Humphrey, mediante el que identificaba los factores críticos, internos y externos, favorables y desfavorables.

Es muy útil para la planificación estratégica ya que a partir del análisis DAFO podemos identificar las acciones de marketing que permiten dar respuesta a las siguientes preguntas:

1. ¿Cómo se puede explotar cada fortaleza?

2. ¿Cómo se puede aprovechar cada oportunidad?

3. ¿Cómo se puede detener cada debilidad?

4. ¿Cómo se puede defender de cada amenaza?

Se trata de conseguir determinar las ventajas competitivas a explotar además de ver las formas de paliar los problemas.

	Análisis interno	Análisis externo de la competencia
Fortalezas	Puntos que pueden considerarse valiosos y positivos en cada área de la empresa para la actividad de su negocio: • Capacidades • Ventajas naturales. • Recursos superiores.	Puntos que pueden considerarse valiosos y positivos en cada área de las empresas de la competencia: • Capacidades • Ventajas naturales. • Recursos superiores.
Debilidades	Todos los puntos que pueden considerarse negativos o perjudiciales en cada área de la empresa para la actividad de su negocio: • Capacidades o recursos escasos. • Resistencia al cambio. • Poca oferta de producto o servicio. • Problemas con el personal.	Todos los puntos que pueden considerarse negativos o perjudiciales en cada área de la empresa para la actividad de su negocio: • Capacidades o recursos escasos. • Resistencia al cambio. • Poca oferta de producto o servicio. • Problemas con el personal.

Análisis externo del mercado
Puntos que pueden considerarse valiosos y positivos en el mercado.

=

Oportunidades	Amenazas
Factores que cumplen estas tres condiciones: • El mercado los considera valorables. • Es una fortaleza de la empresa. • La competencia no tiene esta fortaleza.	Factores que cumplen estas tres condiciones: • El mercado los considera negativos. • Es una debilidad de la empresa. • La competencia no tiene esta debilidad.

Así, las debilidades y fortalezas las conocerá la empresa mediante el estudio interno de la compañía, mientras que las amenazas y oportunidades las detectará al comparar su situación con la del entorno. De tal forma que:

⇨ Una debilidad de la empresa será una amenaza cuando la empresa sea la única en el mercado que tenga esa debilidad.

⇨ Una fortaleza supondrá una oportunidad solo si la empresa es la única en el mercado que tiene esa fortaleza.

7.2. Análisis de las debilidades y fortalezas de la organización

Una vez realizado el análisis interno habrán salido a la luz los puntos fuertes y débiles de la organización. La idea clave de este proceso es conocer cuáles son las fortalezas a potenciar y las debilidades que deben mejorarse, una vez evaluados los factores humanos, técnicos, comerciales, financieros y de gestión; tal y como hemos visto anteriormente.

7.3. Análisis de las oportunidades y amenazas del entorno

El entorno exterior genera oportunidades y a la vez también plantea amenazas para la empresa.

El resultado del análisis externo es conocer cuáles son las oportunidades que deben aprovecharse y las amenazas que deberían minimizarse.

El análisis se resume en la matriz donde se incluyen los cuatro elementos del análisis DAFO:

⇨ Debilidades.

⇨ Amenazas.

⇨ Fortalezas.

⇨ Oportunidades.

Para que sea efectivo el análisis, debe limitarse a un número reducido de los elementos más importantes, por lo que hay que evitar a toda costa las listas numerosas, no más de seis.

Sainz de Vicuña propone un sistema para priorizar a partir de dos parámetros:

⇨ Determinación de la posibilidad de que se produzca la debilidad, amenaza, fortaleza u oportunidad.

Estableciendo la siguiente ponderación:

- Certeza absoluta (3).

- Muy posiblemente (2).

- Posiblemente (1).

- Raramente (0).

⇨ Valoración de la importancia: estimación subjetiva sobre las consecuencias para el cumplimiento de los objetivos que puede tener para la empresa que se produzca el hecho.

Se establece la siguiente ponderación:

- Si asegura o casi asegura el cumplimiento (3).

- Si incide muy favorablemente (2).

- Si incide favorablemente (1).

- Si es irrelevante (0).

Como se indicó anteriormente, en el proceso de planificación el paso siguiente al análisis es la síntesis por lo que el número de debilidades, amenazas, fortalezas u oportunidades no debe ser muy alto. Se recomiendan un máximo de seis para cada uno.

Para realizar la selección, Sainz de Vicuña propone dos alternativas:

1. Ordenar de mayor a menor en función de la disponibilidad y elegir los tres elementos con mayor puntuación. Ordenar de mayor a menor en función de la importancia y elegir los tres elementos con mayor puntuación; de esta forma ya tenemos los seis elementos.

2. Multiplicar las valoraciones de los dos criterios y elegir los seis elementos que tengan un mayor valor.

 Un ejemplo de análisis DAFO para una empresa de nueva creación:

Debilidades	**Amenazas**
• Poco conocida en el mercado. • Dificultad de acceso a los recursos financieros. • Rentabilidad inicial inferior a la media. • Limitada capacidad de generación de recursos	• Tendencia a la concentración de la competencia. • Problemas de suministro de componentes o materias primas. • Aumento del poder de negociación de los clientes. • Cambios tecnológicos.
Fortalezas	**Oportunidades**
• Prestigio de los promotores. • Conocimiento y experiencia en el sector. • Capacidades fundamentales en actividades clave. • Capacidad directiva y flexibilidad organizativa.	• Crecimiento del mercado. • Aparición de nuevos segmentos o nichos de mercado. • Cambios en los estilos de vida. • Mejora de la coyuntura económica.

Este documento permite ver de forma resumida los retos a los que se va a tener que enfrentar la empresa así como los factores claves de éxito.

La estrategia de la empresa se puede resumir en:

1. Aprovechar las oportunidades.

2. Utilizar las fortalezas.

3. Minimizar las debilidades.

4. Eliminar las debilidades.

Combinando estas decisiones se determinan las posibles líneas estratégicas de las que dispone la empresa.

8. Los objetivos de un e-marketing plan (EMP)

Todo plan de acción debe incluir tres elementos esenciales:

⇨ ¿Qué se va a hacer?: especificar las actividades concretas que se van a realizar.

⇨ ¿Quién va a hacerlo?: definir un responsable.

⇨ ¿Cuándo va a estar concluido?: es necesario establecer una fecha de finalización.

 Cada estrategia definida (para la consecución de un objetivo) se desglosa en las acciones necesarias para conseguirlas.

Código	Objetivo	Estrategia	Acción	Responsable	Fecha
1	Acudir a dos ferias internacionales al año.	Asistencia a la feria X.	Reserva de espacio.	Director/a Comercial.	01/06/2022
				Director/a Comercial.	01/09/2022
				Director/a Comercial.	15/09/2022
				Director/a Comercial.	15/09/2022
				Departamento de Publicidad.	01/04/2023
				Departamento de Compras.	15/02/2023
				Departamento de Formación.	15/04/2023

El proceso de gestión por objetivos se divide en cuatro fases:

a) Establecer metas mensuales o trimestrales.

b) Monitorizar la actuación en el mercado.

c) Determinar las causas de las desviaciones marcadas respecto al desempeño ideal.

d) Tomar medidas correctoras para eliminar las diferencias entre los objetivos y el desempeño real.

Es necesario realizar un seguimiento y control del plan anual de marketing. Para conseguirlo Kotler define cuatro tipos de control: control del plan anual, control de la rentabilidad, control de la eficiencia y control estratégico.

1. **Control del plan anual**: el objetivo de este control es asegurar que se cumplen los objetivos marcados en el plan anual y para ello la empresa dispone de cinco herramientas.

2. **Control de la rentabilidad**: las empresas pueden utilizar este análisis para realizar una redistribución eficiente de los recursos de la empresa hacia las actividades o áreas más rentables y plantear la eliminación de otras.

3. **Control de eficiencia**: la rentabilidad es la consecuencia de las actividades de marketing de productos, precios, canales y promoción. Es posible que los mismos elementos utilizados de una forma alternativa puedan generar mejores resultados. Por ello, conviene analizar la eficiencia de las acciones de marketing. No siempre los recursos son utilizados de la manera más eficiente.

4. **Control estratégico**: cada cierto tiempo la empresa debe plantearse si su enfoque estratégico es el adecuado.

9.   El modelo AIDA. Las variables de e-marketing mix

Es un error dar solamente importancia al número de visitas que llegan a una web y medir la rentabilidad de la misma en base a estas visitas. Y es un error porque una web que no genera ingresos, por muchas visitas que tenga, no es rentable. Es por esta razón por lo que es conveniente analizar los datos asociados a la conversión de visitas en clientes y el modelo AIDA nos puede ayudar a ordenar y ponderar más datos.

El término AIDA hace referencia a un modelo que describe los efectos que produce secuencialmente un mensaje publicitario. La palabra es un acrónimo de las siglas de los conceptos en inglés de **Atención** (*Attention*), **Interés** (*Interest*), **Deseo** (*Desire*) y **Acción** (*Action*).

Son las cuatro fases por las que avanza un usuario para convertirse finalmente en un cliente. El modelo AIDA fue enunciado por Elmo Lewis en 1896 y es utilizado en multitud de estrategias de marketing, y, sobre todo, de marketing online.

⇨ **Atención**. En esta primera fase el objetivo es tratar de conseguir captar la atención del cliente hacia nuestro producto o servicio.

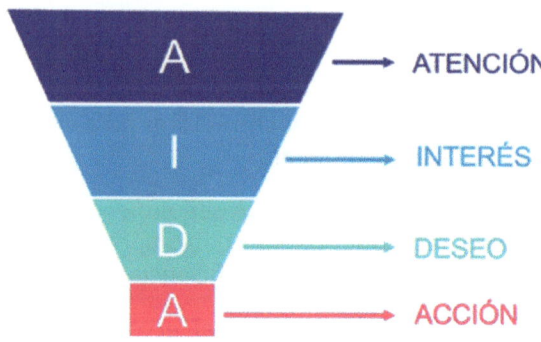

⇨ **Interés**. Una vez hemos conseguido captar la atención del consumidor debemos conseguir generar interés en él. El cliente se encuentra en esta segunda etapa, cuando se ha despertado una motivación de compra debido a diferentes motivos: oportunidad, ventajas respecto de la competencia, precio atractivo, promoción...

⇨ **Deseo**. Si hemos logrado despertar interés en el cliente, el siguiente paso es provocar el deseo de compra del producto. Nuestro producto o servicio tiene que ayudar a satisfacer sus necesidades, es decir, ofrecerle la solución a su problema. En esta etapa el cliente debe conocer los principales beneficios que va a obtener si realiza la compra.

⇨ **Acción**. Hemos sido capaces de captar la atención del consumidor, generar interés y provocar el deseo de compra. En este punto del embudo el cliente está convencido, es el momento de conseguir una acción de compra y obtener el ansiado cierre de la venta.

El método AIDA en las estrategias de e-marketing:

⇨ *Inbound* **marketing**. En la estrategia de *inbound* marketing, el método AIDA ha evolucionado a una metodología basada en atraer usuarios que no nos conocían, a convertir las visitas de nuestra web en *leads*, a cerrar la venta para convertirlos en clientes y deleitar a los clientes que han realizado la compra para que sean nuestros mejores promotores.

⇨ **Comercio electrónico**. En el **e-commerce** el modelo AIDA ha evolucionado hacia el **embudo de conversión,** donde lo importante es que analiza y mide los resultados en cada una de las etapas del proceso de compra digital del usuario, y con ello se obtiene información valiosa para la toma de decisiones.

⇨ En el modelo AIDA no todo termina en la venta, sino que debemos seguir trabajando para que, posteriormente, en el futuro vuelva a iniciar el proceso de compra con nosotros y además nos recomiende.

¿Cómo aplicar el modelo AIDA en el análisis del tráfico web?

La primera "A", que significa "atención", podemos aplicarla al total de visitas que obtiene el sitio web. Si ha obtenido visitas es porque de algún modo hemos captado la atención de los usuarios, ya sea a través de los resultados en buscadores, de un enlace desde otro sitio web de referencia, de una mención en las redes sociales o de un *banner* con nuestra marca. Los usuarios han visto nuestra oferta comercial y han hecho clic en un formato con nuestra marca y hemos logrado captar la atención.

La "I", que significa "interés", la aplicamos a todas aquellas métricas que simbolizan lo que es una visita de calidad, es decir, una visita que permanece durante un tiempo determinado en nuestra web. Si un usuario revisa más de tres páginas y se queda más de dos minutos, podemos decir que es una visita de calidad, una visita que ha mostrado interés. A mayor tiempo de permanencia en la web o a mayor número de páginas vistas por visita, se demuestra el interés que el site ha suscitado en el usuario.

La "D", que significa "deseo", podemos representarla mediante el número de usuarios que han llegado a nuestra web y han ejecutado alguna acción que demuestre deseo de comprar nuestro producto o servicio. Ejemplo de esto podría ser el añadir un producto al carrito de compra, el solicitar más información por email, el rellenar un formulario de contacto, etc. Son acciones muy cercanas a la compra.

La segunda "A", que significa "acción" (algunos autores la denominan "adquisición"), podemos representarla mediante la compra final de un producto o servicio determinado. En el caso de una tienda online la medición es más fácil; tan solo hay que analizar los registros de compra de la web.

A modo de conclusión, en demasiadas ocasiones se comete el error de únicamente medir o valorar la "acción" y no el resto de variables del modelo AIDA. Este comportamiento es erróneo, ya que estamos midiendo algo que ocurre en una proporción bastante limitada (en el mejor de los casos, el % de compra en una tienda online es del 1%). El usuario pasa por un túnel de pasos antes de comprar. Cuantos más usuarios avancen a través de ese túnel, más terminarán convirtiéndose en clientes. Pero hay que medir la proporción de usuarios que se van cayendo por el camino de dicho túnel de conversión. Y es por ello por lo que, con los datos presentados en detalle, se pueden tomar mejores decisiones.

Como decía el gran gurú de los negocios Peter Drucker: "todo lo que se puede medir, se puede mejorar".

El marketing se podría definir como un sistema total de actividades de negocios ideado para planear productos que satisfagan las necesidades, asignarles precios, promover y distribuirlos a los mercados meta, a fin de lograr los objetivos de la organización.

El marketing mix se podría definir como el uso selectivo de las diferentes variables (producto, precio, distribución y promoción), herramientas de marketing para alcanzar los objetivos empresariales.

Desde el marketing tradicional hasta el marketing social hemos visto elementos comunes, pero sobre todo, cómo el medio Internet ofrece nuevas herramientas, un nuevo lenguaje y un nuevo territorio de actuación para las empresas.

Un plan de marketing proporciona una visión clara del objetivo final y de lo que se quiere conseguir en el camino hacia este. A la vez, informa con detalle de las importantísimas etapas que se han de cubrir para llegar desde donde se está hoy hasta donde se quiere ir.

UNIDAD DIDÁCTICA 3

El comportamiento del cliente online

Contenido & Objetivos

Introducción

1. **Las variables en los modelos de comportamiento del consumidor**

2. **Las variables independientes**

3. **Características personales**

4. **Características ambientales**

5. **Las variables intervinientes (moderadoras)**

6. **Las variables dependientes: las decisiones de compra**

7. **El proceso de toma de decisión del consumidor**

8. **Modelo genérico de decisión de compra**

Resumen

Los **objetivos** de esta unidad son:

1. Conocer las principales razones que provocan la creación y el surgimiento de un negocio virtual.

2. Enumerar los procesos por los que atraviesa el consumidor o cliente en un negocio virtual.

3. Facilitar el conocimiento de las tendencias en comercio electrónico para poder aplicar y asegurar las principales leyes existentes.

Introducción

El comercio electrónico está consolidándose en nuestro país y se espera que en los próximos años se dé el período de mayor crecimiento de esta modalidad, gracias a la implantación definitiva de los protocolos que garantizan la seguridad de las transacciones y al incremento progresivo de usuarios de la red.

El hecho de que el comercio electrónico en Internet vaya dirigido al consumo prioritariamente, obliga a tener en cuenta los aspectos jurídicos de la transacción, tanto en la fase de preparación de la oferta, como en la de aceptación.

1. Las variables en los modelos de comportamiento del consumidor

Conocer las **necesidades de los clientes** es vital para diseñar **estrategias de marketing** eficaces que nos permitan prosperar en cualquier negocio. Conocer el público objetivo es fundamental para la empresa, pero aún más es conocer **cómo se comporta el consumidor en Internet**. Para conocer el comportamiento del **consumidor en Internet**, se deben realizar varias preguntas clave:

⇨ **¿Qué compra?**

Supone analizar el tipo de producto que el consumidor selecciona de entre todos los productos que quiere.

⇨ **¿Quién compra?**

Determinar quién es el sujeto que verdaderamente toma la decisión de adquirir el producto, si es bien el consumidor, o bien quien influya en él.

⇨ **¿Por qué compra?**

Analizar cuáles son los motivos por los que se adquiere un producto basándose en los beneficios o satisfacción de necesidades que produce al consumidor mediante su adquisición.

⇨ **¿Cómo lo compra?**

Tiene relación con el proceso de compra. Si la decisión de compra la hace de una forma racional o bien emocional. Si la paga con dinero o con tarjeta…

⇨ **¿Cuándo compra?**

Se debe conocer el momento de compra y la frecuencia de la compra con relación a sus necesidades, las cuales son cambiantes a lo largo de su vida.

⇨ **¿Dónde compra?**

Los lugares donde el consumidor compra se ven influidos por los canales de distribución y además por otros aspectos relacionados con el servicio, trato, imagen del punto de venta, etc.

⇨ **¿Cuánto compra?**

La cantidad física que adquiere del producto, bien para satisfacer sus deseos o bien sus necesidades. Ello indica si la compra es repetitiva o no.

⇨ **¿Cómo lo utiliza?**

Con relación a la forma en que el consumidor utilice el producto se creará un determinado envase o presentación del producto.

 El término comportamiento del consumidor hace referencia al estudio del comportamiento que los consumidores muestran al buscar, comprar, utilizar, evaluar y desechar los productos y servicios que consideran que satisfarán sus necesidades.

La irrupción de los **e-commerce** ha ido transformando a los **usuarios de Internet en clientes muy exigentes**. Parece raro encontrar, hoy en día, un consumidor en Internet, que no compare en diferentes sitios web o plataformas (cada día la oferta se multiplica en todos los sectores) precios, calidades del producto, tiempos de entrega, flexibilidad de pagos, antes de decidirse a cerrar la **transacción**.

¿Qué factores influyen en los consumidores para comprar online?

Entre otros, influyen estos factores, que están ordenados por orden de influencia:

⇨ Descuentos, ofertas y promociones.

⇨ Productos de calidad.

⇨ Relación calidad-precio-producto.

⇨ Muestras gratuitas.

⇨ Fidelización de clientes.

⇨ Buena atención al cliente.

⇨ Confianza en la marca.

⇨ Selección de productos.

Los **motivos de compra** del consumidor online son los siguientes:

⇨ Ofertas solo en Internet.

⇨ Comodidad.

⇨ Facilidad.

⇨ Precio.

⇨ Ahorro de tiempo.

⇨ Mayor oferta-más variedad de productos.

⇨ Confianza en la web.

2. Las variables independientes

Hemos visto cómo el marketing se basa en la regla de las 4 P's para definirse: producto, precio, promoción, punto de venta. Estas cuatro variables son denominadas variables dependientes, pero podemos encontrar otras variables **independientes**. Estas últimas están correlacionadas con las primeras y están destinadas a conseguir comportamientos de compra. La diferencia es que las variables dependientes son controlables.

Actualmente, podemos hablar de marketing mix, que se puede definir como el conjunto de herramientas que ayudan a una empresa a **alcanzar sus objetivos y a tomar mejores decisiones de mercado**. A través de diferentes variables, se realiza un esfuerzo conjunto para influir en los consumidores y motivarlos a elegir un producto o servicio determinado que tiene como objetivo determinar cuáles son las acciones que debe emprender una empresa o marca para satisfacer a los clientes (mediante el análisis de sus comportamientos).

Jerome McCarthy propuso una teoría sobre las buenas estrategias de marketing, denominada originalmente las 4 P's, que más tarde fueron ampliadas a: personal, procesos, presentación, posicionamiento, productividad y herramientas digitales. Las cuales fueron reformuladas por Robert Lauterborn en 1990 y hoy en día se conocen como las 4 C's y son las variables del marketing mix: consumidor, costo del producto, conveniencia y comunicación y que más tarde también fueron ampliadas.

Las variables **independientes** o no controlables son:

⇨ **Demanda**: permite controlar el volumen de ventas diarias en tiempo real.

⇨ **Competencia**: hay que estudiar a la competencia para poder medir las tendencias y contrastar sus datos con los nuestros para controlar, también, las ventas.

⇨ **Tendencia de mercado**: el estudio del mercado nos permite conocer qué es lo que buscan los consumidores y poder adaptar nuestra oferta a ello.

⇨ **Regulación**: todo esto está bajo regulación del Gobierno, que hay que tener en cuenta.

 Estas son solo algunas de las variables, a lo largo del curso iremos desarrollando todo esto para que sepas utilizarlo en tu día a día.

El comercio electrónico fue, sin lugar a duda, una de las actividades digitales que **mayor crecimiento** experimentaron durante los confinamientos provocados por la pandemia del coronavirus. Tras la estabilización de la situación sanitaria, conviene volver la mirada a este fenómeno para comprobar si los cambios experimentados en los hábitos de consumo online se han consolidado o han vuelto a niveles previos a la pandemia.

En 2020, cerca del 90% de la población mundial admitió haber comprado en Internet, lo cual repercutió directamente en los ingresos procedentes de la venta online. Una vez se volvieron a abrir todos los comercios esta cifra aumentó, con lo que vemos que el cambio en los consumidores se ha mantenido. Hoy en día son muchas plataformas las que existen para que los consumidores elijan. Los comercios electrónicos son los que agrupan la mayor parte de las adquisiciones por Internet, como, por ejemplo, Amazon.

En 2023, los *smartphones* representaron alrededor del 80% de las visitas a páginas web de minoristas en el mundo, pero los teléfonos inteligentes generaron el 66% del total de los pedidos. Un tercio de las compras se realizaron con ordenador, bien de sobremesa, bien portátil.

En 2023, el 95,3% de la población, de 16 a 74 años, ha utilizado Internet en los últimos tres meses. Los usuarios de Internet se han elevado en los últimos años y el valor de la brecha de género ha pasado de 1,0 puntos en el año 2018 a 0,3 puntos en 2023 a favor de las mujeres. El uso de Internet es una práctica mayoritaria en los jóvenes de 16 a 24 años, con un 99,9% en los hombres y un 99,7% en las mujeres. El porcentaje es más bajo en el grupo de edad de 65 a 74 años, siendo un 79,7% en hombres y un 80,5 en mujeres. Y el grupo de edad entre 55 y 64 años es mayoritario para las mujeres, están un 2,.8 por encima que los hombres.

Además, en los últimos meses, el porcentaje de hombres y mujeres, de entre 16 y 74 años, que ha utilizado Internet es mayor que en la UE.

La actividad más realizada por Internet, tanto en hombres como en mujeres, es el uso de mensajería instantánea.

Una vez analizado esto, veamos cómo llegan los usuarios a realizar la compra. Lo primero es ver los canales de los que disponen:

1. **El sitio web:** más de la mitad de los usuarios que tienen intención de comprar suelen ir a la página web de la marca, de ahí la importancia de la identidad corporativa.

2. **Buscadores:** igualmente, un poco más de la mitad de usuarios utiliza un buscador para encontrar el producto o servicio que está buscando.

3. **Webs comparadoras:** creando un 36% de las compras online.

4. **Foros y blogs:** los usuarios investigan sobre el producto o servicio en foros y blogs para decidirse, siendo el 32% de las transacciones de venta.

5. **Prensa digital y radio:** un pequeño porcentaje se basa en esto, siendo el 16% del total de las compras.

Por último, los usuarios se fijan mucho en la logística a la hora de comprar por Internet. Los envíos gratis y rápidos son los aspectos más valorados, junto con el plazo: casi la mitad (48,3%) considera razonable un plazo de entrega de hasta 3 días, y solo uno de cada 10 (11,5%) estima que la entrega debería cumplirse en el día del pedido o al día siguiente.

El consumidor de Internet paga:

1. Tarjeta de crédito: es el método más usado.

2. PayPal.

3. Contrarreembolso.

4. Tarjeta prepago.

5. Transferencia bancaria.

6. Bizum.

7. Pago a plazos.

8. Amazonpay, Google Pay, Apple Pay.

3. Características personales

El consumidor online cambia tan rápido como lo hace Internet. A medida que van apareciendo nuevas tendencias, programas y páginas web, los usuarios van modificando su comportamiento y creando, a su vez, nuevas tendencias y formas de comunicarse.

Como el consumidor online es así de cambiante es muy importante que las empresas y emprendedores en general lo estudien de forma habitual. Para saber cuándo se producen cambios de actitud en los consumidores o cuándo se generan nuevas opiniones es vital estar cerca de ellos, interaccionando y recogiendo su feedback.

Una de las mejores formas de hacerlo son las redes sociales. Estos canales permiten a los usuarios generar y compartir contenidos, compartir opiniones e interaccionar con la marca de una forma como la que nunca lo habían hecho. Y es que el consumidor ya no se limita a comprar y consumir un producto, sino que produce información respecto a él. Es un *prosumer* (productor y consumidor) que va creando una huella de opiniones sobre esa marca y que debe ser tratado y atendido de una forma adecuada.

Para saber cómo atenderlo primero hay que conocer algunas de las características del nuevo consumidor online.

¿Cuál es el perfil del consumidor en Internet?

1. **Segmentación**

   El **mayor porcentaje** de compradores online se alcanza en la franja de entre 35 y 44 años, con un 66,3%. Las franjas de 20 a 24 años y de 25 a 34 años también superan el 60% de usuarios del comercio electrónico (el 63,1% y el 62,3%, respectivamente). Teniendo en cuenta los tipos de hogares, donde se realizan más compras online es en familias con hijos pequeños (69,7%), seguido de las personas que viven de forma independiente (66,8%).

2. **La exigencia del nuevo consumidor de Internet**

   El 81% de los **consumidores** afirman **investigar antes de tomar la decisión final de compra** buceando por la red. Un detalle importante: estos consumidores gastan más que aquellos que no investigan sus compras.

   El **consumidor de Internet** comprueba, de media, más de diez fuentes informativas antes de dar el paso de adquirir el producto o servicio. Las fuentes más visitadas son: **motores de búsqueda o medios sociales (62%), visitas directas a la marca, boca a boca a través de amigos y familiares (29%), comparadores de precios (19%)**.

3. **Dispositivo con el que el consumidor accede a Internet**

   Los **dispositivos móviles** *smartphones*, tabletas y *wearables* están desbancando al ordenador como primer punto de acceso a la red. El móvil se ha convertido en una prolongación de nuestro cuerpo. Desde que empieza el día (muchos, incluso, lo utilizamos como despertador), hasta que acaba, el *smartphone* se convierte en nuestro inseparable compañero de fatigas. Ante este panorama, los sitios de comercio electrónico han migrado irremediablemente al formato responsive.

¿Cómo afecta la irrupción de los dispositivos móviles al e-commerce? Para hacernos una pequeña idea, actualmente, no tener una web responsive o adaptada a los diferentes dispositivos, sería como si una tienda física cerrara sus puertas durante parte del horario comercial.

Los datos son demoledores. El 71% de los consumidores utiliza su *smartphone* para consultar información sobre un producto. De ellos, un 35% finaliza la compra. Además, 2 de cada 3 compradores, de entre 35 y 54 años, compran desde el sofá de casa, demostrando que, para un amplio sector de la sociedad, comprar online es una experiencia más satisfactoria que ir de tiendas.

4. **Busca varios canales de comunicación y que sean simples**

El nuevo consumidor online busca **poder contactar con las empresas que quiera desde varios canales, en cualquier momento**. Cuanto más fácil sea acceder a esos canales y más simples utilizarlos, mejor. Por ejemplo, una página web que contenga un email de atención al cliente, un formulario, un chat en vivo o cuentas en redes sociales como Facebook, Instagram, etc.

5. **Es local**

A pesar de que Internet ha dado paso a un mercado global, los consumidores online suelen comportarse de un modo típico en función de donde residen o proceden. Así, los negocios online deben tener en cuenta el lugar donde operan y ofrecer productos y servicios en función de esos clientes. También deben comportarse e interactuar con los usuarios de una forma adecuada a aquella zona.

Los consumidores son locales por eso es muy importante que las empresas conozcan a fondo el mercado local en el que trabajan. Por ejemplo, el 75% de los brasileños buscan precios bajos en Internet mientras que los holandeses se sienten más atraídos por las ofertas ventajosas.

6. **Busca atención al cliente las 24 horas**

Los consumidores online quieren que las marcas respondan con rapidez cuando tienen una pregunta, duda o queja. Quieren ser escuchados y son capaces de escribir opiniones muy negativas en Internet de una empresa determinada si reciben una mala atención al cliente.

Las redes sociales son un canal muy adecuado para poder atender a los clientes más allá del horario comercial de la compañía e incluso durante las 24 horas del día. Por eso las empresas deben tener perfiles en varias redes sociales y estar bien atentas a sus clientes y potenciales clientes. Estos quieren ser escuchados y además atendidos de forma personalizada y efectiva.

7. **Espera experiencias de compra completas**

Los usuarios online esperan experiencias de compra completas. Para que las empresas puedan conseguirlo deben conocerlos muy bien. Por eso es vital que hagan encuestas a sus clientes, ya sea a través de la web o de las redes sociales y, en general, interactúen con ellos en cualquiera de los puntos de contacto con la compañía. Cuanta más información conozcamos de los consumidores online mejor les podremos atender y más satisfechos estarán.

8. **Quiere ofertas exclusivas**

En Internet suele haber una extensa oferta de productos a precios reducidos. De hecho, hay muchos consumidores que compran online solo porque pueden encontrar precios más baratos que en los comercios físicos. Lo que pueden hacer las empresas, en vez de rebajar los precios para intentar captar más clientes, es ofrecer ofertas exclusivas solo disponibles a nivel online. Los nuevos consumidores quieren ofertas personalizadas y exclusivas en Internet.

4. Características ambientales

El comportamiento del consumidor está influenciado por una serie de factores culturales, sociales y personales que afectan de forma directa o indirecta a los individuos, en función del nivel de importancia que cada factor suponga para el consumidor según sus necesidades, orientando sus carencias hacia determinados productos que les ofrezcan una mayor satisfacción.

Existen varios **factores**, tanto internos como externos al consumidor, que influyen de forma distinta en el comportamiento de compra a la hora de establecer sus decisiones de consumo:

⇨ **Culturales**

La cultura, las subculturas y las clases sociales constituyen un factor importante en el comportamiento del consumidor que las empresas deberán tener en cuenta a la hora de definir estrategias de marketing adaptadas a los consumidores.

- **Cultura**: conjunto de valores, percepciones, deseos y comportamientos básicos que un miembro de la sociedad aprende de su familia y otras instituciones significativas a lo largo de su vida (Kotler, 2004).

- **Subcultura**: grupo de personas dentro de una cultura que comparten un sistema de valores común, basado en experiencias y situaciones comunes en su vida (Kotler, 2004).

- **Clase social**:divisiones relativamente permanentes y ordenadas dentro de una sociedad, cuyos miembros comparten valores, intereses y conductas similares (Kotler, 2004). Se establecen en función del nivel de ingresos, del nivel cultural, posesiones y otras variables. Las personas pueden cambiar de clase social a lo largo de su vida.

⇨ **Sociales**

Son varios los elementos sociales que determinan el comportamiento del consumidor. Entre ellos destacan: la familia y grupos a los que pertenece, así como su rol en la sociedad y estatus que tenga en esos grupos.

- **Familia**: la organización de compra más importante de los mercados de consumo. Sus miembros constituyen el grupo de referencia más influyente. Las necesidades de los consumidores, serán distintas y se verán afectadas por los distintos comportamientos de los diferentes tipos de familias. Actualmente, existen muchos modelos de familia.

- **Los grupos de referencia**: son los grupos con los que la persona actúa y que influyen sobre su comportamiento; amigos, compañeros de trabajo, etc. Las empresas deben llegar e influir en los líderes de opinión de estos grupos de referencia. Un líder de opinión es una persona que asesora a través de círculos informales, sobre un producto o categoría de productos, opinando sobre las marcas y sobre cómo utilizar los productos.

- **Roles**: una persona puede desempeñar distintas funciones o roles dentro de un grupo. El rol asignado influirá en su comportamiento de compra y en el de su entorno o grupo.

- **Estatus**: el respeto o aprecio que se tiene a una persona que es admirada dentro de un grupo. Estas personas podrán dar recomendaciones al resto de miembros del grupo.

⇨ **Psicológicos**

- **Motivación**: dentro de la psicología, la motivación es el conjunto de factores que impulsan el comportamiento de los seres humanos hacia la consecución de un objeto. Generalmente, compramos para satisfacer distintas necesidades y porque existe una motivación. Los motivos por los que compramos son: la obtención de beneficios, la utilidad, el orgullo, la emulación, el miedo y el amor.

- **Percepción**: la forma en la que los individuos captan el mundo que les rodea. Los seres humanos pueden tener diferentes percepciones del mismo estímulo en función de los siguientes procesos perceptuales: exposición selectiva; distorsión selectiva; comprensión selectiva y retención selectiva. Cada individuo, tendrá una percepción distinta de la misma realidad, prestando atención a los estímulos que más le interesen.

65

- **Aprendizaje**: el comportamiento y los intereses de consumo de los individuos, se van modificando a medida que van aprendiendo y adquiriendo experiencia.

- **Creencias y actitudes**: con el aprendizaje los individuos adoptan nuevas creencias y comportamientos relacionados con el acto de compra.

⇨ **Personales**

- **Edad y fase del ciclo de vida**: las personas atraviesan distintas etapas en la vida que hacen que sus gustos, necesidades e intereses se vayan modificando con el paso del tiempo, provocando un cambio en sus hábitos de consumo, que hace que se adquieran productos y servicios distintos en cada una de las distintas etapas del ciclo de vida.

- **Ocupación**: el tipo de trabajo al que se dedica el individuo ejerce una gran influencia en su comportamiento de consumo.

- **Estilo de vida**: patrón de consumo que refleja las alternativas que considera una persona para decidir cómo gasta su tiempo y dinero. Todos aquellos aspectos que tienen que ver con la forma de vivir de las personas; intereses, gustos, opiniones, etc. El estilo de vida influye en las necesidades de los consumidores y, por tanto, en su comportamiento de compra y en la disposición a adquirir o no un determinado producto.

- **Circunstancias económicas**: en etapas de crecimiento económico donde existen facilidades de crédito, la tendencia al consumo será mayor, al mejorar la situación de empleo y renta, lo que implica que los consumidores podrán satisfacer necesidades más complejas que las de simple supervivencia. Sucederá lo contrario en épocas de crisis.

- **Personalidad**: aquellas características psicológicas y distintivas internas de una persona como la confianza en sí mismo, autoridad, autonomía, sociabilidad, agresividad, estabilidad emocional que conducen a respuestas a su ambiente relativamente consistente y permanente. Cada individuo posee una personalidad diferente que influirá en su comportamiento de compra. Las marcas también poseen personalidad, por ello, los consumidores tienden a elegir marcas cuya personalidad se asemeja más a la suya.

- **Autoconcepto**: la percepción de sí mismo del individuo.

Todos estos factores muestran la complejidad existente en el estudio del comportamiento del consumidor, cuyo patrón de conducta varía de forma continua a lo largo del ciclo de vida de las personas. Por este motivo, las empresas deberán ser capaces de reconocer las características y necesidades de los consumidores en cada momento y adaptar así, sus estrategias empresariales.

5. Las variables intervinientes (moderadoras)

En las **decisiones de compra se observan diversos componentes que en los estudios de comportamiento del consu**midor se califican como **variables moderadoras** o que **modulan el proceso**.

 Se denominan de esta manera porque intervienen en el mismo otorgando mayor importancia a algún aspecto de la compra, a ciertas características de la personalidad del individuo que afectan sus preferencias, o por el contrario disminuyendo la atención que se le presta a alguna faceta del producto.

Las variables moderadoras son múltiples y actúan en distintas dimensiones. Por ejemplo, la **familiaridad de la marca**. Cuando una marca resulta familiar al consumidor se observan ciertas peculiaridades en su vinculación con la marca y el proceso de compra. Por ejemplo, la elección de comprar se toma más rápido, con mayor nivel de seguridad puesto que el sujeto conoce, por experiencias previas, el bien que va a adquirir, hay confianza en el producto porque se puede pronosticar el beneficio que se obtendrá del mismo, el consumidor se ahorra la necesidad de realizar una búsqueda de un producto sustituto porque ya conoce uno que satisface aquello que ha determinado como su necesidad.

En todas las compras que realizamos de ordinario participan **tres componentes moderadores**. Los tres componentes perceptuales son el **riesgo personal**, el **riesgo social** y el **riesgo económico**.

1. **Riesgo personal**. Los usuarios evalúan la compra de un producto de una forma personal, con el ánimo de no arrepentirse de la misma. Un ejemplo es cuando el consumidor se enfrenta a elegir entre la compra de un medicamento genérico o de la marca de un laboratorio conocido. Enriqueciendo el ejemplo: más aún cuando el medicamento se va a comprar es para un menor de edad, como un hijo.

2. **Riesgo social**. Hace referencia a la adquisición de bienes que por su naturaleza tienen características o aspectos que los hace visibles a terceras personas, con lo cual de alguna forma participan en la imagen que el individuo proyecta a su entorno social. Un ejemplo sería la compra de ropa de marca para mejorar la imagen frente a familiares, amigos, etc.

3. **Riesgo económico**. Es básicamente la proporción de inseguridad que la persona experimenta ante un eventual desembolso económico y la utilidad funcional que obtendría del bien comprado.

6. Las variables dependientes: las decisiones de compra

Forma parte de las variables del marketing, también, el proceso de decisión de compra. Este proceso pasa por varias etapas:

1. **El consumidor toma conciencia de la necesidad de compra**. Cuando el cliente toma conciencia de esto, las empresas deben prestar atención para comenzar a ayudarlos y ofrecerles productos acordes a sus necesidades. En este punto, es importante la creación y adaptación de las páginas web a estas necesidades. Veremos más adelante cómo crear una web y cómo hacer para que las ventas online tengan éxito.

2. **La consideración de esa compra**. Cuando al cliente le surge la necesidad de compra empieza a investigar qué productos pueden satisfacer su deseo: a través de buscadores como Google, visitando diferentes páginas web… Es aquí donde debes adaptar las herramientas de tu página web o negocio a las necesidades del cliente para que entre dentro de sus consideraciones de compra.

3. **La decisión de compra**. Cuando el cliente toma la decisión de comprar a uno u otro, no debes dar por terminado el proceso. Si te elige a ti es importante que el proceso y la atención al cliente sean los correctos, de lo contrario puede que no vuelva a elegirte y pierdas un cliente

 Lambin (2003) define el **comportamiento de compra** como el conjunto de actividades que preceden, acompañan y siguen a las decisiones de compra. En este caso, se considera que el individuo participa activamente en la toma de decisiones, eligiendo opciones de forma sistemática y no al azar. El comportamiento del consumidor varía en función del tipo de compra o producto que se vaya a adquirir y del nivel de complejidad asociado a la toma de decisión.

Teniendo en cuenta estos aspectos, se puede hacer una clasificación de los **tipos de comportamientos en el proceso de decisión de compra** según cinco categorías:

⇨ **Comportamiento de "Compra compleja"**

- Se da en compras de productos de alto valor económico, o productos innovadores, donde el riesgo percibido por el cliente es alto.

- Consumidor implicado en la compra. Dedica tiempo a evaluar las alternativas de productos, antes de tomar la decisión de compra. Decisiones basadas en el conocimiento.

⇨ **Comportamiento de "Compra que reduce disonancia"**

- Se da en compras de productos caros y complejos en los que las diferentes marcas ofrecen productos similares.

- Inicialmente, el consumidor descartará por precio y después por las características no deseadas de la marca.

⇨ **Comportamiento de "Compra habitual"**

- Compras poco complejas, rutinarias, de productos cotidianos donde no hay mucha diferencia entre las distintas marcas.

- El consumidor actúa por inercia. Cuenta con información.

⇨ **Comportamiento de "Compra que busca la variedad"**

- Se trata de compras de productos de distintas marcas entre las que sí que existen diferencias.

- El consumidor no se implica mucho con las marcas en este tipo de compras. Le gusta probar diferentes productos y marcas. Poca fidelidad hacia la marca.

⇨ **Comportamiento de "Compra impulsiva"**

Se trata de compras no planeadas, sin premeditación.

7. El proceso de toma de decisión del consumidor

En el proceso de decisión de compra, un consumidor **pasa por una serie de fases** cuya duración e importancia varían, entre otros factores, en función del tipo de producto a comprar.

En la red, el comportamiento de un consumidor puede seguir dos caminos diferenciados:

a) Que el consumidor esté buscando un producto para adquirirlo.

b) Que el consumidor esté navegando.

En Internet cobra especial importancia la **compra por impulso**, en la cual no se sigue el proceso habitual:

⇨ **Si el consumidor está buscando algo**: se guiará por el poder de la marca, yendo directamente a buscar los productos en su web o en la de algún intermediario.

⇨ **Si el consumidor no está buscando algo**: la clave para realizar el intercambio de valor radica en que el vendedor entienda la estructura del espacio por donde se mueve normalmente por la red.

El proceso de compra de un producto por Internet sigue las siguientes **etapas**:

1. **Reconocimiento del problema**: los formularios son el nexo de unión para que el potencial comprador pregunte.

2. **Búsqueda de la información**: mediante la búsqueda activa el navegante se informa. Un papel importante juegan los banners en lugares estratégicos y los buscadores.

3. **Evaluación de las alternativas**: los servicios de compra comparativa son las mejores herramientas.

4. **Decisión de compra**: al evaluar las alternativas, el consumidor opta por comprar o no comprar. La seguridad, el diseño de la web, la facilidad de compra y registro y la confianza son básicas.

5. **Sensaciones posteriores a la compra**: la rápida respuesta de la confirmación de compra es esencial, así como una entrega rápida.

8. Modelo genérico de decisión de compra

Dependiendo del **tipo de producto**, el proceso de decisión de compra varía:

⇨ **Productos que suponen una inversión importante**: el proceso se da de **forma ordenada y se van a cumplir todas las etapas**, de forma que el proceso de decisión de compra es complejo y se va a alargar en el tiempo. Un ejemplo sería la compra de un coche, un ordenador, una vivienda, etc.

⇨ **Productos cuya compra es sencilla y simple**: la compra es repetitiva, rutinaria. Para este tipo de productos el proceso de decisión de compra puede perder alguna de sus etapas o, dicho de otra forma, el proceso de compra se simplifica, resultando mucho más rápido. Ejemplos de este tipo de productos son el periódico o el pan. Dentro de esta categoría de productos hay que incluir los productos de compra por **impulso**. Para este tipo de productos el orden del proceso de compra se va a invertir. No se eliminan las etapas, sino que se desordenan, siendo la primera etapa la decisión de comprar y posteriormente el reconocimiento de la necesidad para justificar la compra.

El proceso de decisión de compra consta de las siguientes **etapas**:

1. **Reconocimiento**: el cliente se hace consciente de su necesidad. Esto puede ocurrir por un problema que le resulte difícil solucionar, o por la satisfacción

de un deseo. En esta primera fase lo más importante gira en torno al cliente y su situación. Una estrategia de marketing digital exitosa ofrece contenido relevante para el cliente durante su fase de búsqueda. Puede ser por medio de artículos de blog, libros electrónicos, webinars, tutoriales, informes y guías (centrados en proporcionar información y enfoques comprometidos con satisfacer la dificultad por la que atraviesa). El objetivo del cliente es muy claro: quiere saber y necesita conocer más sobre su situación. De este modo, puedes aprovechar los recursos digitales a tu servicio para destacar a tu empresa y posicionarla como una autoridad en el mercado.

2. **Consideración**: esta segunda etapa, el cliente posee más información sobre su problemática y, por lo tanto, de las soluciones que están disponibles. Así, desde el momento en que se encuentra en esta fase, tu oferta y la de la competencia son alternativas viables en su proceso de decisión de compra. A lo largo de esta fase y a diferencia del estado previo, donde buscaba soluciones generales, el cliente muestra un interés activo en recabar datos específicos sobre su situación. Aquí, el cliente demanda referentes directos que le ayuden a tomar su decisión de compra definitiva; se vale de opiniones de otros consumidores, de reseñas especializadas y de la comunicación directa con asesores comerciales para recopilar la información que requiere. Emplear contenidos acordes a esta etapa para ayudar al cliente en su proceso de decisión de compra. Materiales digitales como podcasts, vídeos, interacciones en vivo o guías de expertos son fundamentales para apoyar al cliente en esta segunda fase.

3. **Decisión**: un cliente informado tiene mejores herramientas para llegar al final de su proceso de decisión de compra. Está por decidir qué acción emprender para solucionar su problemática, al mismo tiempo que confronta la situación que lo llevó al inicio de este proceso. Durante esta etapa, el cliente busca contenidos o materiales de sus alternativas de compra para adquirirlos. Recuerda que es importante conocer el interés que manifiesta sobre tu producto o servicio en la comunicación cotidiana, por lo que el uso de un software CRM será fundamental para seguir al cliente en su proceso de decisión de compra. En pocas palabras, mantener un canal de intercambio activo sobre sus intereses y dudas te ayudará a mantener su atención en tu marca. Por ejemplo, facilita el acceso a materiales como versiones de prueba o demos para disipar sus dudas de una manera práctica y efectiva. Esta estrategia le facilitará los elementos que necesita para tomar su decisión.

4. **Compra**: por supuesto, llega la hora de la compra y consumo. Has guiado a tu cliente y te eligió como la opción que va mejor con sus necesidades y presupuesto. Debes entender lo siguiente: la adquisición de un producto o servicio no es el único objetivo del marketing. Más allá de eso, busca generar una relación con el cliente para formar parte de su ciclo de consumo regular. Dicho de otro modo, si cerrar una venta es importante, mantener a un cliente es crucial para la empresa. La venta, además del consumo, está asociada con la satisfac-

ción del cliente. De ella depende en buena medida la incorporación regular a un ciclo de compraventa, o bien, de una oportunidad comercial que se ha perdido. En la medida en que cumplas tus promesas, el consumidor poseerá razones y argumentos a tu favor en el próximo proceso de decisión de compra.

5. **Posventa**: finalmente, una vez que la compra se realiza empieza el cumplimiento de la última etapa: posventa. Aquí inician las acciones para mantener al comprador satisfecho como cliente a través de un seguimiento de atención efectivo. Para lograrlo, abre un canal de comunicación para recibir los comentarios después del período de compra y genera una plataforma de servicios para mantenerlo satisfecho. No pierdas de vista que su experiencia como cliente determinará si se convertirá en un embajador de marca, en un cliente recurrente o si estarás dentro de sus marcas de interés en el futuro. Esta es la etapa en la que surge la lealtad hacia la marca.

Las razones que impulsan a un usuario a permanecer en una web no son únicamente la utilidad y el interés de sus contenidos, sino también el atractivo de sus gráficos y el nivel de sorpresa que suscita cada sección. Ello conlleva un esfuerzo creativo que tenga en cuenta las necesidades del cliente.

También debe tenerse en cuenta la generación de confianza por parte del consumidor, utilizando las técnicas y herramientas a nuestro alcance.

No hay mejor confianza que la creación de seguridad basada en los conceptos de integridad y derecho a la intimidad de cada usuario que registre.

Ante nosotros se presentan diferentes tipos de consumidores con diferentes necesidades que hemos de cubrir. Es necesario conocer los perfiles para diseñar nuestro website. Sin embargo, a pesar de que esta medición del perfil sea más sencilla que en los mercados físicos, el perfil del consumidor electrónico está sujeto a un mayor cambio.

UNIDAD DIDÁCTICA 4

Cómo promocionar y construir un sitio web

Contenido & Objetivos

Introducción

1. **Plataforma: el proceso de construcción de un sitio web**

2. **Front-office y back-office**

3. **Fases proceso de construcción de un sitio web**

4. **Seleccionar un modelo de hospedaje o alojamiento web**

5. **Diseñar un sitio web**

6. **Prestación: el diseño efectivo de un sitio web**

7. **La página de bienvenida (homepage)**

Resumen

Los **objetivos** de esta unidad son:

1. Adquirir los conocimientos básicos necesarios para la creación de una web.

2. Crear la plataforma donde se va a desarrollar la web.

3. Presentar esa web a la audiencia.

Introducción

En esta unidad se centrará el contenido en explicar cómo deber ser un sitio web para captar clientes y ventas. Se prestará especial atención a cómo debe ser el contenido y cómo se tiene que mostrar para que resulte atractivo y coherente.

1. Plataforma: el proceso de construcción de un sitio web

Para el diseño de una tienda online o una página web, encontramos hoy en día una amplia gama de posibilidades que podremos decidir en función de los servicios que queramos a cambio y el precio que estemos dispuestos a pagar por ello.

Podemos encontrar opciones cuya inversión es insignificante e incluso en ocasiones gratuitas, y otras que requieren una inversión inicial considerable. En cualquier caso ambas opciones son resolutivas, solo hemos de pensar qué es lo que necesitamos nosotros.

Para poner en marcha nuestra web, tanto si incluye una tienda online como si no, lo primero es decidir la plataforma (el software) sobre el que la vamos a construir. Las opciones que tenemos son:

⇨ **Desarrollo propio**

Requiere que la propia empresa tenga conocimientos y capacidad tecnológica para crear e implantar una solución propia de web y comercio electrónico por sus propios medios, o bien que lo contrate a un desarrollador externo según sus requisitos.

Es una solución aplicada generalmente por grandes empresas que cuentan con recursos económicos y humanos para llevarla a cabo.

Ventajas:

* Máxima personalización, tanto en diseño como en funcionalidades a medida.

* Mayor seguridad y control sobre la plataforma.

Desventajas:

* Más costoso y lento.

* Más difícil de mantener. Generalmente, van a requerir constantemente de los programadores para realizar cualquier cambio.

* Menos ágiles a la hora de actualizar a nuevas tecnologías o estándares.

⇨ **Plataforma comercial**

Recurrimos a esta opción a la hora de implantar una web y/o tienda online cuando buscamos una solución fiable, económica y rápida de implantar. Existen multitud de soluciones software y proveedores que nos ofrecen plataformas que facilitan enormemente el desarrollo y mantenimiento de una web/tienda online, como WordPress/WooCommerce, WiX, PrestaShop, Shopify, etc.

Ventajas:

- Más económico.

- Más rápido de implantar.

- No requiere contratar programadores. El mantenimiento lo puede hacer cualquier persona gracias a sus sencillos interfaces para administradores (casi como usar Word).

- Se actualizan automáticamente a los cambios tecnológicos y estándares.

- Hay una gran comunidad de usuarios, lo que hace más fácil resolver cualquier problema o contratar especialistas si queremos alguna funcionalidad muy específica.

- Se puede contratar a multitud de empresas que conocen la plataforma y nos pueden ayudar a desarrollar contenidos y acciones de marketing.

Desventajas:

- No permiten el absoluto nivel de personalización que podemos conseguir con un desarrollo propio, aunque actualmente prácticamente todas estas plataformas cuentan con cientos de módulos adicionales (plug-ins) que podemos añadir para dotarlas de prácticamente cualquier funcionalidad.

- Muchas de estas plataformas son de código abierto, es decir, que cualquiera puede ver cómo están programadas, lo que, en principio, podría suponer un problema de seguridad. Sin embargo, la mayoría de ellas cuenta con el soporte de una empresa o grupo de desarrolladores que trabajan constantemente para solucionar cualquier posible problema de seguridad.

2.   Front-office y backBack-office

Ahora ya podemos determinar los elementos que componen una web comercial en función de si pertenecen al front-office o al back-office.

Los términos de front-office y back-office se utilizan, generalmente, para describir las partes del sistema, según si son visibles por el usuario final o no.

1. El **front-office** se refiere a la parte de la web que es visible a los clientes. Toda aquella información, contenidos y funcionalidades a los que los visitantes pueden acceder a través de su navegador.

2. El **back-office** se refiere a todas las partes del sistema de información a las que el usuario final no tiene acceso. Las plataformas tienen generalmente un apartado de administración, al que solamente pueden acceder los miembros del equipo de desarrollo y mantenimiento de la web mediante usuario y contraseña. Desde el back-office, se pueden realizar tareas como añadir nuevos contenidos o modificar el existente, contestar preguntas o comentarios, añadir funcionalidades a la web, aceptar un pedido, cambiar un precio, actualizar el software, etc.

3. Fases proceso de construcción de un sitio web

1. Identificación de objetivos

Comprender en profundidad los problemas del usuario y definir los objetivos compartidos. Las preguntas que entran en juego son:

- ¿Quién es el público objetivo?

- ¿Qué deben esperar cuando llegan a nuestro sitio web?

- ¿Cuál es el objetivo principal del sitio web?

- ¿Qué mensaje hay que transmitir?

- ¿Qué hacen los competidores, si los hay, y cómo debemos diferenciarnos?

- ¿Cómo se medirán estos objetivos?

2. Definición del alcance

Una vez que conocemos los objetivos del sitio, podemos definir el alcance del proyecto. Es decir, qué páginas web y características necesita el sitio para cumplir el objetivo, y el calendario para construirlas.

Este calendario debe mostrar el tiempo que llevará cada paso del proceso. Puede que las fechas cambien a medida que se desarrolle el proceso, pero unos objetivos claros ayudan a establecer unos plazos realistas y alcanzables.

3. Creación de un mapa del sitio y de un esquema

Con el alcance bien definido, podemos empezar a profundizar en el mapa del sitio *(sitemap)*, definiendo cómo se interrelacionarán el contenido y las características que definimos en la definición del alcance. Veremos más sobre esto más adelante.

4. Creación de contenidos

Ahora que tenemos una imagen más amplia del sitio en mente, podemos empezar a crear contenido para las páginas individuales, siempre teniendo en cuenta la optimización para motores de búsqueda (SEO) para ayudar a mantener las páginas centradas en un solo tema. Es vital tener contenido real con el que trabajar para nuestra siguiente etapa.

5. Los elementos visuales

Con la arquitectura del sitio definida y los primeros contenidos desarrollados, podemos empezar a trabajar en el diseño visual. Puede que nuestra empresa ya tenga bien definida la identidad visual, e incluso una guía de estilo, pero también es posible que se defina el estilo visual desde el principio en este proceso. Las herramientas como las hojas de estilo (CSS), los *moodboards* y los *collages* de elementos pueden ayudar en este proceso.

Asegúrate de que los elementos visuales de tu web son impresionantes, ya que lo harán más profesional y sencillo. Además de eso, los elementos visuales también mejorarán tus textos. Trata de que todas las imágenes añadidas a la web sean atractivas y transmitan el mensaje adecuado.

6. Prueba

A estas alturas, ya tienes todas tus páginas y has definido cómo se muestran al visitante del sitio, así que es hora de asegurar que todo funciona bien. Puedes empezar probando manualmente la navegación del sitio en los dispositivos y navegadores más usados, o usar rastreadores automatizados del sitio para identificar todo, desde problemas de experiencia del usuario hasta simples enlaces rotos. Por ejemplo, puedes probar con *https://www.woorank.com/es/*

7. Puesta en marcha

Una vez que todo funcione a la perfección, es el momento de planificar y ejecutar el lanzamiento del sitio. Esto debería incluir la planificación del calendario de lanzamiento y las estrategias de comunicación, es decir, cuándo se lanzará y cómo se hará saber al mundo que existe.

8. Marketing y promoción

Crear un sitio web brillante es inútil si nadie sabe acerca de él. Con millones de sitios, captar la atención de los navegantes es un reto. Por eso, necesitaremos realizar todas las acciones de marketing online que podamos para generar tráfico a nuestra web. Acciones que, como ya sabemos, pueden ser: SEO, SEM, email marketing, publicidad online, etc.

4. Seleccionar un modelo de hospedaje o alojamiento web

4.1. Registrar un nombre de dominio

El dominio es un **nombre alfanumérico único que se usa para identificar un sitio web en Internet**. Suele ser una palabra seguida de un sufijo .com (webs comerciales), .org (ONGs), .es (España), etc. Para seleccionar el sufijo debemos tener en cuenta algunos aspectos como, por ejemplo, ¿cuál va a ser nuestro ámbito de actuación? Por ejemplo, si vamos a distribuir nuestros productos solo en España, nos interesará .es, pero si pensamos en internacionalizarnos, puede ser .com y si pensamos que podríamos crecer, pero no desde el primer momento, nos interesaría tener ambas a la vez, o un sufijo de cada país en el que vayamos a operar. Si somos una ONG o una asociación, fundación, etc., nos interesará .org

Son decisiones estratégicas que hay que tomar desde el inicio, porque si queremos posicionar una marca y no tenemos un dominio con un determinado sufijo que sea muy utilizado en una zona, perderíamos tráfico hacia la web.

Antes de registrar el dominio, debe comprobarse que está libre, y si no es así, ver cuáles lo están.

¿Cómo lo hacemos? Pues, el primer paso sería verificar en la web de cualquier empresa que registre dominios. Por ejemplo, entrando en *https://dinahosting.com/ dominios* y tecleando "micomercioelectronico" como dominio a registrar, directamente aparece su disponibilidad con los sufijos elegidos y otros que pudieran interesar.

Una vez hecho esto, **hay que asegurarse de que este nombre no pertenece a ninguna marca registrada**, ya que esto podría traer problemas judiciales por apropiación de una marca registrada.

Posteriormente, se elegirá la empresa donde se va a comprar el dominio y se registrará. Es conveniente que sea de nuestro país, por las cuestiones del **servicio técnico y el idioma**.

4.2. Crear y administrar el contenido

4.2.1. Introducción a los CMS

Un sistema de gestión de contenidos (CMS, por sus siglas en inglés) es un programa que permite a uno o varios usuarios crear, editar y publicar contenido web (texto, vídeo, imagen) sin conocimientos de programación en una interfaz gráfica de usuario.

Con un CMS puedes crear, gestionar, modificar y publicar contenidos en una interfaz fácil de usar. Puedes personalizar el diseño y la funcionalidad de tu sitio web descargando o comprando plantillas y extensiones (plug-ins), en lugar de tener que programar.

Permite manejar de manera independiente el contenido y el diseño. Es decir, se trata de una aplicación informática que nos permite crear, editar, gestionar y publicar contenido digital en diversos formatos.

Puedes tener varios usuarios trabajando en el back end de la misma herramienta y mucho más. El CMS permite establecer diferentes niveles de acceso para los usuarios, yendo desde el administrador del portal hasta el usuario sin permiso de edición, o el creador de contenido. Dependiendo de la aplicación podrá haber varios permisos intermedios que permitan la edición del contenido, la supervisión y reedición del contenido de otros usuarios, etc. El gestor de contenidos facilita el acceso a la publicación de contenidos a un rango mayor de usuarios. Permite que, sin conocimientos de programación ni maquetación, cualquier usuario pueda incorporar contenido en el portal.

El CMS controla y ayuda a manejar cada paso de este proceso, incluyendo las labores técnicas de publicar los documentos a uno o más sitios. En muchos sitios con CMS, una sola persona hace el papel de creador y editor, como, por ejemplo, los blogs.

Los costes de gestión de la información son mucho menores, ya que se elimina un eslabón de la cadena de publicación: el maquetador. La maquetación (transformación del diseño en código) se hace al inicio del proceso de implantación del gestor de contenidos y ya no hay que volver a tocarlo.

La actualización, back up y reestructuración del portal son mucho más sencillas al tener todos los contenidos en una base de datos estructurada en el servidor.

Los CMS nos proporcionan el soporte para crear la web, pero nosotros debemos llenarla de contenido, valorando qué información queremos ofrecer a los usuarios y qué es lo que esos usuarios esperan encontrar en una web como la nuestra.

Algunas **características** de los CMS:

⇨ No es necesario tener conocimientos de programación.

⇨ Facilitan la colaboración entre distintos perfiles o equipos para construir y mantener la web.

⇨ Permiten crear distintos usuarios y asignarles roles y permisos específicos.

⇨ Incorporan herramientas para optimizar el SEO (nativas o mediante plug-ins).

⇨ Funciones de seguridad: SSL, parches de seguridad, bloqueo de accesos no autorizados, etc.

⇨ Plantillas prediseñadas que facilitan el comienzo de la construcción de la web.

⇨ Actualizaciones constantes: nuevas funcionalidades, resolución de errores, seguridad, etc.

⇨ Funcionalidad de blog, haciendo sencilla la publicación de nuevo contenido.

⇨ Posibilidad de incorporar ecommerce (nativo o a través de plug-ins).

4.2.2. Los CMS más utilizados para crear páginas web

1. Cada página web que visitas, probablemente, **esté hecha con WordPress**. De hecho, prácticamente la mitad de Internet está hecha con WordPress.

2. Según **w3techs.com**, el 43,3 % de las páginas web del mundo están hechas con WordPress. Y si solo nos fijamos en las creadas con gestores de contenidos (o CMS), esa proporción es aún mayor: el 65,3 % de los sitios web hechos con un sistema de gestión de contenidos identificables utilizan WordPress.

3. Muy por detrás se encuentran otros CMS, como Shopify (que veremos más adelante por estar especializada en e-commerce), Wix o Squarespace. CMS que hace unos años eran muy populares, como Joomla o Drupal, prácticamente no se usan en la actualidad.

4. Con este escenario, hoy en día, a la hora de hacer una web la decisión está entre hacer un desarrollo propio (como hemos visto, una opción cara no al alcance de cualquiera) o usar WordPress.

4.2.3. WordPress

WordPress es la plataforma **más popular** de creación de sitios web gratuita y de código abierto. A nivel más técnico, es un sistema de gestión de contenidos (CMS) escrito en PHP que utiliza una base de datos MySQL. En lenguaje no especializado, WordPress es el constructor de blogs y sitios web más sencillo y potente que existe en la actualidad.

Permite crear una gran variedad de sitios web, como sitios web corporativos, blogs, tiendas online, publicaciones online, etc. WordPress está diseñado pensando en la usabilidad y la flexibilidad , permitiendo crear sitios desde blogs personales hasta webs de grandes multinacionales (por ejemplo Sony Music).

Si estás empezando con WordPress, hay algunas cosas importantes que debes saber. En primer lugar, necesitarás saber la diferencia entre WordPress.com y WordPress.org.

WordPress.com es la **versión alojada** (en la nube) de WordPress, donde puedes crear una cuenta de WordPress.com para hacer un blog o sitio web. Simplemente accediendo a WordPress.com puedes crear una cuenta gratuita y empezar a crear tu web. Algunas características son:

⇨ Por defecto, la URL o dominio de tu sitio web incluirá la palabra "WordPress", como miblog.wordpress.com.

⇨ Puedes contratar planes de pago que incluyen un dominio personalizado (como miblog.com), la integración de Google Analytics, más espacio de almacenamiento, la posibilidad de añadir tus propios plugins y temas y mucho más.

⇨ WordPress.com es propiedad de Automattic, una empresa fundada por uno de los creadores originales de WordPress, Matt Mullenweg.

⇨ En WordPress.org puedes descargar el software de WordPress para instalarlo en tu propio servidor o cuenta de alojamiento web.

⇨ El software de WordPress es de código abierto, por lo que su descarga y uso son gratuitos.

⇨ Para utilizar la versión de WordPress.org, necesitarás tener un nombre de dominio y un alojamiento web, adquirido a otra empresa de confianza.

⇨ La mayoría de los alojamientos web ofrecen una "instalación rápida" de WordPress o instalaciones de WordPress hechas por ti para ayudarte a empezar si no quieres instalar WordPress tú mismo. El proveedor de hosting Dinahosting, por ejemplo, ofrece planes de hosting con WordPress preinstalado.

 Una de las mayores ventajas de WordPress es la amplia comunidad de usuarios existente y la ingente cantidad de material que puedes encontrar en la web: manuales, tutoriales, ejemplos, etc.

4.2.4. CMS para ecommerce

Las plataformas CMS de comercio electrónico son similares a los CMS convencionales y te permiten crear y actualizar tu tienda online a través de un editor fácil de usar, en lugar de tener que programar, pero incorporan todas las funcionalidades necesarias para poner en marcha una tienda online: catálogo de productos, carrito de compra, área de usuario, medios de pago, transporte, facturación, etc.

Estas plataformas son muy populares entre los propietarios de pequeñas empresas que no tienen los conocimientos técnicos o los recursos necesarios para diseñar una tienda online desde cero.

Vamos a mencionar a continuación los tres CMS para ecommerce más utilizados en la actualidad:

⇨ **WooCommerce**

En realidad, WooCommerce no es un CMS en sí mismo, es un plug-in de WordPress que te permite transformar tu página web en una tienda online. Los datos apuntan que el 31,7% de todas las páginas web del mundo han sido creadas en WordPress y un 44% de cuota de mercado mundial pertenece a su extensión WooCommerce.

Este plug-in es gratis y únicamente pagarás por ciertas extensiones que ofrecen funcionalidades extra.

83

Ventajas:

- Todas las ventajas de WordPress. Se integra perfectamente con tu web corporativa.

- Es una plataforma de comercio electrónico gratuita y de código abierto.

- Puedes darle a tu tienda un aspecto único gracias a las opciones de personalización.

- Tienes acceso a una cantidad enorme de plugins.

Inconvenientes:

- Tendrás que contratar el alojamiento.

- Dado que WordPress es gratuito, no dispones de soporte técnico exclusivo.

⇨ **Shopify**

Shopify es una plataforma CMS específica para tiendas de comercio electrónico. Como resultado, es increíblemente potente y bien equipado. Es una de las mejores plataformas de CMS para ecommerce porque te ahorra mucho tiempo y esfuerzo.

El constructor de sitios de Shopify es lo suficientemente sencillo como para que incluso un novato en informática pueda diseñar su tienda online fácilmente. Hay un montón de plantillas y temas para elegir. Sin embargo, los desarrolladores experimentados de Shopify pueden personalizar enormemente las tiendas de Shopify porque la plataforma les permite editar su código CSS y HTML.

Ventajas:

- Sencilla interfaz.

- Acceso a una enorme biblioteca de extensiones, tanto gratuitas como de pago.

- Los sistemas de pago son fáciles de usar y fiables.

Inconvenientes:

- Al contrario de WooCommerce, Shopify requiere una suscripción de pago mensual.

- Cualquier venta a través de proveedores de pago de terceros conlleva una comisión por transacción.

- La mayoría de los temas de la plataforma no son gratuitos.

- A veces, tendrás que instalar una aplicación para obtener una función que necesitas.

⇨ **PrestaShop**

PrestaShop es un CMS ligero y sencillo que, sin embargo, ofrece a los usuarios un gran control sobre la configuración y gestión de su tienda online. Al igual que WordPress, puedes descargarlo gratuitamente e instalarlo en tu propio servidor.

Funciona con un modelo de código abierto, "freemium", lo que significa que puedes utilizar su software básico de forma gratuita, pero tienes que pagar por más funciones. También, tendrás que cubrir tus propios costes de alojamiento.

Si trabajas con un desarrollador web, podrás editar todo el código de PrestaShop. Esto puede dar lugar a diseños de sitios web realmente únicos. Sin embargo, también puedes crear un sitio web tú mismo con su editor What You See Is What You Get (incluso si no eres especialmente experto en tecnología).

Una vez que hayas creado un diseño básico, puedes añadir módulos que amplíen la capacidad de tu tienda. Por ejemplo, puedes utilizar extensiones para vender en Facebook e Instagram, o para optimizar tu SEO.

Ventajas:

- Fácil y económico de poner en marcha.

- Incluye la mayoría de las funciones que necesitas para poner en marcha tu tienda online.

- Amplia comunidad de usuarios y desarrolladores.

Inconvenientes:

- No podrás acceder al servicio de atención al cliente a menos que estés en uno de sus planes premium.

- No tiene tantos módulos de terceros como sus competidores (WooCommerce y Shopify).

- Sus módulos adicionales pueden ser caros.

5. Diseñar un sitio web

En los apartados anteriores se han ido dando las pautas para crear un sitio web. Vamos a profundizar ahora un poco en algunas pautas de que nos ayudarán a tener un diseño impactante y orientado a objetivos.

En el caso de que tengamos además una tienda online, es interesante seguir algunos consejos adicionales:

a) **Diseño adecuado**

- Basado en los contenidos.

- Presencia de escaparates.

- Navegación clara.

- Secciones promocionales.

- Optimización en buscadores.

b) **Facilidad de uso**

- Catálogo de productos visibles.

- Acceso al catálogo por categorías y escaparates.

- Carrito de la compra visible.

- Proceso de compra claro y rápido.

- Potente buscador.

- Registro de usuario opcional.

- Ficha de producto detallada.

c) **Accesible para todos**

- Catálogo de productos accesible.

- Producto destacado con diseño especial.

- Tamaño del texto óptimo.

- Acceso a los productos de forma directa.

- Secciones divididas en escaparates.

6.   Prestación: el diseño efectivo de un sitio web

6.1.   La estructura de un sitio web

Es conveniente dibujar un **organigrama con todas las partes del sitio web**, distribuyendo el texto, los gráficos, los vínculos a otros documentos y otros objetos multimedia que se consideren pertinentes, mediante el cual ir creando la estructura de la página web.

Antes de empezar a desarrollar la página web en el ordenador, deben tenerse muy claros cuáles serán sus contenidos, su estructura, el nombre de la página, etc., que no se deben hacer sobre la marcha para evitar rectificaciones innecesarias, trabajo inútil y pérdidas de tiempo.

Lo que va a determinar la estructura de la web va a ser, en gran medida, los contenidos (aunque también el objetivo que se busca con la web y el público al que va dirigida). Estos contenidos van a indicar **qué tipo de estructura es la más adecuada**.

La estructura y los contenidos están relacionados, porque debemos tener en cuenta que los segundos han de actualizarse periódicamente para que nuestro sitio web mantenga siempre la última información que interesa a nuestros visitantes, y además indexe bien en los buscadores. Por ejemplo, estas actualizaciones pueden ser en apartados de noticias o novedades, lo que ya está implicando una determinada estructura.

La elección del tipo de estructura va a determinar también el **emplazamiento de los archivos** y directorios. Esto nos permite organizar la web de una forma lógica, facilitando mucho el trabajo del diseñador, pero también es algo que afecta al visitante ya que solo por la dirección de la página que visita puede hacerse una idea de dónde está.

Para simplificar las cosas es recomendable utilizar en los **nombres de archivo y de carpeta** solo letras minúsculas, sin caracteres especiales y sin espacios en blanco, además de elegir nombres cortos y representativos. Tengamos en cuenta que según avancemos más en los niveles, la dirección URL tomará los nombres de los directorios que se añaden, por esto han de ser cortos, para que no sea una URL extensa, y representativos, para localizarlos fácilmente y para que el buscador indexe adecuadamente.

 Una URL, acrónimo del inglés *Uniform Resource Locator* (localizador de recursos uniforme), es como comúnmente se conoce a una dirección web. Cada página y cada recurso de tu web (PDF, imagen, etc.) tiene una URL asignada.

6.2. La estructura jerárquica

Estructura de árbol o jerárquica: a partir de una página de bienvenida o portal (raíz) se abren unas secciones (ramas) que a su vez contienen múltiples páginas web (hojas).

Esta estructura está compuesta por una página principal que enlaza con otras páginas de nivel inferior y estas, a su vez, con otras de nivel inferior a las últimas y, así, sucesivamente. Es decir, se agrupan las páginas web por niveles, de tal manera que para llegar del primero al último debe pasarse por todos los intermedios.

Esta estructura permite al visitante conocer en qué lugar de la web se encuentra y se le facilita la navegación mediante botones que ascienden o descienden en la estructura del árbol para alternar entre secciones. Pero si tenemos una web con muchas páginas, se puede hacer pesado porque para ver las páginas de otra rama hay que retroceder hasta la página principal. Una recomendación es no pasar de 3 niveles.

6.3. Otras estructuras no jerárquicas

A continuación se desarrollan los tipos de estructuras que se pueden desarrollar en un sitio web:

⇨ **Estructura en lista**

Esta estructura es la opuesta a la jerárquica. En ella no existe página principal, ya que todas están en el mismo nivel. Para llegar a la última página hay que recorrer todas las anteriores. Es una estructuración muy adecuada para la presentación de manuales o aplicaciones donde el usuario deba recorrer forzosamente una serie de páginas web para conseguir su objetivo.

⇨ **Estructura mixta**

Esta estructura es una combinación de las dos anteriores. Las páginas están jerarquizadas en niveles, los cuales a su vez están conectados entre sí en forma de lista. Esta estructura es mucho más navegable y práctica, puesto que permite poder desplazarse de rama en rama sin necesidad de volver a la página principal para hacerlo.

⇨ **Estructura en red**

Esta estructura supone que todas las páginas de la web están conectadas entre sí, por lo que es una estructura más compleja y menos ordenada. Su ventaja es que desde cada página podemos ir a cualquier otra del sitio. No obstante, requiere mucha planificación para evitar ofrecer al visitante un caos de enlaces innecesarios. Sería la estructura más utilizada actualmente (Web 2.0).

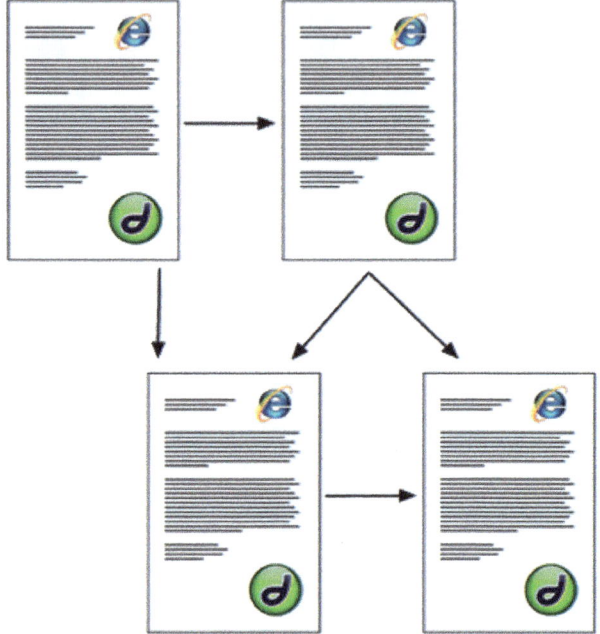

7. La página de bienvenida (homepage)

También llamada simplemente **home**. Es la carta de presentación de nuestra empresa, tienda o producto, por lo que debe ser capaz de informar a la vez que captar la atención y el interés del visitante. Se trata de una página un tanto especial, ya que actúa, a menudo, como presentación e índice de la web, con la información más relevante destacada, así como enlaces a las principales secciones de la web, productos, etc.

La página de inicio es una buena herramienta para mostrar el objeto de la web, algo importante en cuanto a la estructura de la misma y su navegabilidad. Es recomendable, cuando no imprescindible, **especificar claramente qué se va a encontrar el usuario al explorar la página**.

Por otro lado, algo tan sencillo como **incluir un enlace bien visible a la página principal en todas las páginas** facilita muchísimo la navegación. En este sentido, actualmente se ha convertido en un estándar "de facto" enlazar el de la cabecera para que apunte a la página de inicio desde cualquier página de la web.

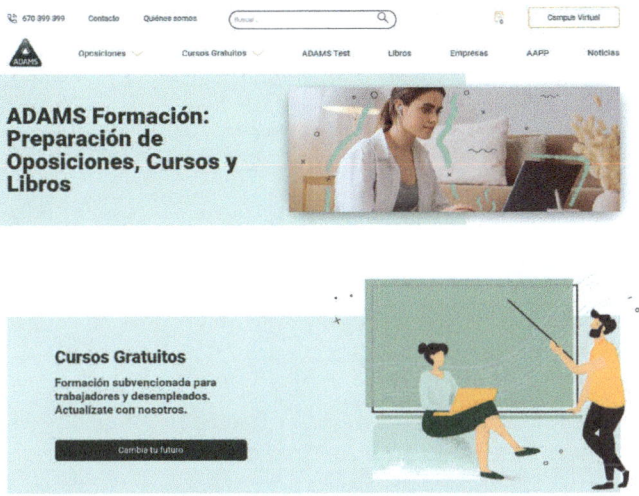

En el primer apartado se tratan los aspectos previos a la creación de la web, propiamente dicha. Se detallan los pasos necesarios para iniciar su construcción, como son: alojamiento web, registro de dominio, creación y administración de contenidos (editores) y diseño web.

En el segundo apartado se explica la construcción de la web, empezando por la definición de la estructura que va a seguir (jerárquica o no), para después tratar la cuestión de su navegabilidad, explicando algunas herramientas que se pueden utilizar para mejorarla. A continuación, se van a definir conceptos que afectan a la calidad de la web, tales como consistencia, apariencia, contenidos, cookies. Y, por supuesto también se analizará la rentabilidad que buscamos con el proyecto.

Hay que tener presente, también, la consistencia en el diseño de la página web, que permitirá al usuario sentirse cómodo navegando por ella.

Por último, es necesario cuidar la apariencia, rendimiento y calidad del sitio web.

UNIDAD DIDÁCTICA 5

Navegabilidad

Los **objetivos** de esta unidad son:

1. Conocer la navegación del sitio web.

2. Aprender a gestionar las herramientas de búsqueda y ayudas para que esté bien posicionado.

3. Conseguir el mejor rendimiento y apariencia de nuestro sitio web.

Introducción

En esta unidad continuamos conociendo el funcionamiento del sitio web. En este caso, una vez hemos visto cómo se diseña y crea, es importante conocer la forma de navegar por él.

El éxito del sitio web dependerá, en gran medida, de que sea fácil navegar por él, que esté bien posicionado en las búsquedas, que tenga buena apariencia, etc. Veremos cómo conseguir todo esto a lo largo de la unidad.

1. Las barras de navegación

 Básicamente se trata de **listas de enlaces a las diferentes páginas o secciones de la web**.

⇨ De su estructuración dependerá en gran medida que los visitantes encuentren lo que buscan, por lo que es conveniente pensarse dos veces cómo hacerlo antes de implementarlo en la web.

⇨ **Indicar la posición en la navegación principal del sitio**, por ejemplo, dando un color distinto al enlace de la página en la que nos encontramos ahora.

⇨ Pueden ser **horizontales o verticales** y su ubicación dentro de la página también es importante: arriba o izquierda son las más comunes.

⇨ Para sitios web **con un número pequeño de páginas** puede ser bueno enlazar a todas ellas desde cada página para que el usuario tenga en todo momento a su alcance la información disponible en la web.

⇨ Sin embargo, **cuando una web contiene mucha información** este tipo de menús tiene poco sentido, porque entonces tendríamos menús con cientos de enlaces, algo excesivamente largo para ser útil. Lo normal en estos casos es enlazar desde la página principal a las secciones más importantes, y desde cada una de ellas a sus contenidos concretos.

2. Los mapas del sitio web

Es fundamental crear un mapa del sitio en el que se muestre de manera práctica **cuántas secciones tiene el sitio en desarrollo y cuántos niveles habrá dentro de cada uno**. Es decir, generar un diagrama que muestre las zonas principales, secundarias y contenidos finales que se irán incorporando. En definitiva, un sitemap (o mapa del sitio) es una **lista ordenada con enlaces a las diferentes páginas que conforman un sitio web**.

Existen **dos tipos** de sistemas: aquellos que son creados específicamente para optimizar el posicionamiento del sitio web ante los buscadores y los que se crean pensando en el visitante, ofreciéndole una herramienta para que pueda encontrar información de un vistazo (ambas son compatibles).

Veamos algunas **recomendaciones** para la generación de este mapa:

⇨ **Secciones**: debe intentarse que sean las menos posibles, con el fin de concentrar las acciones del usuario en pocas áreas. Tener en cuenta que cada una de las áreas a integrar en el árbol requerirá de mantenimiento posterior en contenidos, gráfica y funcionalidad, lo que encarecerá el coste final de operación del sitio.

⇨ **Niveles:** debe intentarse que el usuario esté siempre a menos de tres clics del contenido que busca. Por ello, no deberían crearse más de tres niveles de acceso. Esto implica una portada, una portadilla de sección y los contenidos propiamente dichos.

⇨ **Contenidos relacionados**: debe considerarse que habrá funcionalidades que estén presentes en todo el sitio. Entre ellas se incluyen elementos como buscador, preguntas frecuentes y formularios de contacto. Se recomienda que este tipo de elementos quede fuera del árbol y floten sobre este, con el fin de indicar que desde todas las páginas habrá enlaces a ellos.

Una vez que se cuenta con el mapa del sitio, la tarea siguiente consiste en generar los sistemas de acceso a dichos contenidos en el sitio web. A través de estos, los usuarios podrán avanzar por sus diferentes áreas, sin perderse.

3.   Herramientas de búsquedas y ayudas

Una herramienta de gran ayuda, sobre todo para páginas web con mucho contenido, es la inclusión de un **buscador interno** que permita a los usuarios buscar directamente los temas que le interesan. Por ejemplo, páginas web didácticas, de manuales, etc., que son sitios que tienen mucho contenido distribuido a su vez en muchas páginas. Los buscadores mejoran la experiencia del usuario en el sitio web y le ayudan a ahorrar tiempo en su búsqueda de información. Hay herramientas gratuitas para poner un buscador en tu web. Por ejemplo: Google, Doofiner, etc.

Otra herramienta, ya casi imprescindible, son **Google Analytics o Bing Webmaster Tools**, que se indexa fácilmente con el sitio web y nos permite monitorizar una gran parte del tráfico que obtenga la web, incluso permite enlazarlo con campañas de email marketing o en redes sociales y rastrear la navegación de los usuarios y el tráfico hacia la web según la fuente de origen de la campaña que hayamos lanzado.

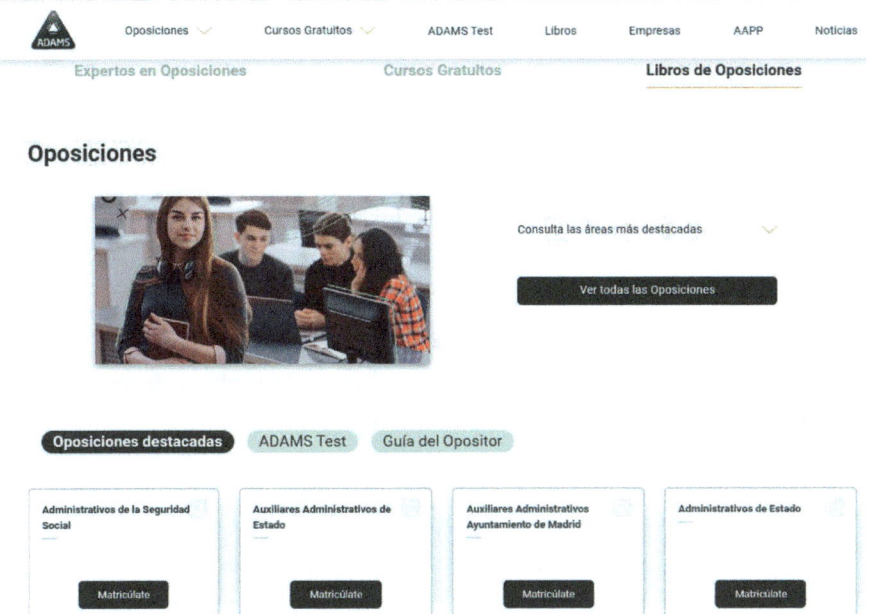

4. Consistencia

La consistencia en el diseño de la página web **permite al usuario sentirse cómodo navegando por ella**. La idea es dar la misma apariencia a todas las páginas del sitio web utilizando esquemas de similares características. Es decir, mismos colores, tamaño de texto, tipografía, etc. Lo que se dice seguir un layout previo para el diseño de todas las páginas, que deben ser coherentes también con la identidad corporativa de la empresa.

La consistencia también es importante en la **navegación de sitio** y en la **simbología** que utilicemos en el diseño. Es decir, se debe mantener una consistencia en la navegación y estructura de contenidos que permita al usuario sentir que tiene el control en la navegación en el sitio.

La consistencia también ha de estar en la navegabilidad y se puede perder si las personas que ya conocemos la web y sabemos lo que queremos, somos las únicas que navegamos a la vez que diseñamos o hacemos un briefing. Es importante que, personas correspondientes con nuestro público objetivo, se vean "frente a frente" con la estructura de la web, para ver si intuitivamente pueden navegar y llegar hacia donde nos interesa que lleguen.

5. Rendimiento

Puede que tengamos una web funcionando con todos los requisitos que se han explicado en esta unidad didáctica, pero resulta que no se está sacando el partido que esperábamos, no cumple expectativas. Es decir, no está siendo rentable. ¿Qué podemos hacer?

La rentabilidad se mide por la ratio: tasa de conversión. Esta conversión se va a traducir en diferentes indicadores en función de la orientación de la web. Por tanto, lo primero que tenemos que tener en cuenta es el tipo de web que tenemos, ya sea una web corporativa o una web de ventas.

Si nuestra **web es corporativa**, fundamentalmente presencial, lo que buscaremos es atracción de usuarios para que nos conozcan y, por tanto, su rentabilidad se medirá por el número de estos que se suscriban a la newsletter, o de los que solicitan información, o de los que se suscriben a las RSS, etc. Pero si la **web es de ventas**, la tasa de conversión representa el número de visitantes que termina comprando.

Podemos seguir una serie de **recomendaciones para mejorar la rentabilidad**:

⇨ **Descubrir los hábitos de consumo del público**. Conocer los días y las horas en que más se compra resulta útil para fortalecer la atención al cliente y asegurar las existencias de la tienda en línea en esos períodos.

⇨ **Un espacio ordenado y claro**. La versión digital del comercio se ha de actuar como en la tienda física, si se tiene un local bien ordenado, bien iluminado y se atiende con amabilidad, es más fácil que el cliente compre.

⇨ **Una ficha clara y completa**. Los productos deben contar siempre con una ficha clara y completa. En ella, además de las imágenes que muestren en detalle el producto, conviene incorporar un vídeo explicativo y un texto descriptivo.

⇨ **Texto para posicionarse**. El texto sigue siendo indispensable porque sirve para posicionarse en los buscadores, que funcionan rastreando palabras en internet. El escrito debe contener las palabras más usadas en las búsquedas. Google Trends y Google Keyword Planner son dos herramientas gratuitas que permiten conocer esos conceptos.

⇨ **Información política compra**. Es importante que se incluya también información sobre la política de devoluciones y de reembolso, así como los tiempos y los costes de envío, para que el usuario no se lleve sorpresas cuando vaya a pagar.

⇨ **Proponer una versión superior**. La ficha es el lugar en el que ofrecer al comprador productos similares de mayor categoría y precio, técnica de mercado que se conoce por su nombre en inglés: *up selling*.

⇨ **Reducir el número de clics**. El usuario sigue un itinerario delimitado desde que entra en la página web hasta que finaliza la adquisición del producto. Cuantos menos trámites haga el cliente dentro de la tienda en línea mayor es la probabilidad de que compre. Por eso es importante que ese recorrido sea lo más sencillo y corto posible.

⇨ **Incentivar la venta cruzada**. En la pantalla del carrito siempre se pueden proponer al comprador productos complementarios, una técnica denominada venta cruzada (conocida por su nombre en inglés, *cross selling*).

⇨ **Optimizar el buscador y crear un menú por categorías**. Contar con un buscador dentro de la página web ayuda a que los usuarios den con lo que desean con facilidad. Es importante crear un menú que acredite en varias pestañas todo el catálogo. En esta tarea, de nuevo Google Trends y Google Keyword Planner sirven para conocer las categorías más buscadas y crear el menú a partir de ellas.

⇨ **Diversificar los métodos de pago**. El comprador ha llegado al momento del pago. Ya casi ha completado el proceso de compra, pero en este punto, aseguran los expertos, es muy fácil que se marche sin finalizar. No contar con diversas opciones de pago, se ha convertido en un error común. En España, el pago con tarjeta es el más generalizado, pero los consumidores también están familiarizados con PayPal y con Bizum. Conocer los métodos de pago de otros países se vuelve esencial cuando el objetivo es internacionalizar la tienda en línea.

⇨ **No olvidar la opción de financiación**. Hoy es posible financiar la compra y en el mercado existen empresas que proporcionan este servicio a las tiendas en línea.

⇨ La página principal es primordial para centrar y mantener la atención del usuario. Hay que buscar el **equilibrio entre información, usabilidad, velocidad y estética**. Es decir, lo ya referido sobre la consistencia. Por supuesto, las tres primeras deberían tener prioridad sobre la última, en la mayoría de los casos.

⇨ **Las ofertas deben adaptarse al perfil e intereses de los usuarios**. Hay que preguntarles qué les gusta, estudiar su comportamiento. No perder de vista a los grandes: qué venden y cómo lo hacen.

⇨ Analizar cuidadosamente la **categorización de los productos**. Aunque depende del número y variedad, cuantos menos niveles tenga una tienda online, mejor.

⇨ Son necesarias **herramientas estadísticas** que ofrezcan información sobre los hábitos de los usuarios: palabras buscadas, qué términos funcionan en los buscadores y cuáles no, origen del tráfico, etc. Cuanta más información se tenga a mano, más rápido se podrá actuar y mejor podrán planificarse las campañas y ofertas.

⇨ Debe prestarse especial atención a los **productos más visitados** que no se añaden al carro. Analizar la información que se ofrece de estos, comparar su precio con la competencia. Pequeñas mejoras en la conversión pueden multiplicar las ventas.

⇨ No perder de vista los **productos que se añaden al carro pero que no se convierten en ventas**.

⇨ En una tienda con tráfico, donde se añaden productos al carro, pero no se transforman en pedidos, debería prestarse **especial atención al proceso completo**: los costes de envío, los cargos extras por la forma de pago, etc. Cualquier detalle puede ser relevante a la hora de transformar un visitante en cliente.

⇨ Convertir un usuario en comprador es una dura labor, pero una vez conseguido, es infinitamente más fácil lograr que repita si ha quedado satisfecho. Para **reenganchar a los clientes** hay que crear campañas que despierten su atención, mantener una comunicación fluida y sitios que le motiven a volver.

⇨ El objetivo de la web es esencial para que el **rendimiento** sea el **adecuado**, ya que puede incorporar elementos innecesarios, que aumentan el atractivo en el diseño, pero que hacen que, por ejemplo, tarde mucho en cargar imágenes, cuando estamos buscando un objetivo diferente, o que sea una web llena de contenido, pero dirigida un público que quiere interactuar, etc. Por esto el rendimiento no depende solo de la parte técnica o de arquitectura o de palabras clave y contenido, sino de encaje entre objetivo y estructura de diseño.

6. Apariencia

Nos referimos al aspecto de un sitio web. Los usuarios valoran una **apariencia fresca, atractiva y fácil de usar**. Hay que tener en cuenta que estamos leyendo en pantalla y tardamos hasta un 30% más que si leyéramos en papel.

Es fundamental la **elección correcta de los colores**. No debemos salirnos de la paleta de colores asignados para web: 216 colores comunes a cualquier sistema operativo y navegador utilizado. Usando colores de esta paleta, se asegura que los visitantes vean la página tal como se ha diseñado.

También es importante **tener en cuenta el tipo de monitor** y en base a esto es recomendable utilizar páginas centradas, con ancho de píxel fijo o en porcentaje. **Evitar que aparezcan barras horizontales de desplazamiento** cuando el ancho de página supera la del monitor. La navegación es vertical, así que solo debemos colocar barras de desplazamiento vertical. El movimiento horizontal es bastante pesado, para poder leer los laterales. Así que hemos de tener en cuenta las **resoluciones de pantalla** comúnmente aceptadas, para que eso no ocurra, también evitaremos esto con el desarrollo de la apariencia siguiendo el diseño "Mobile first". El **tamaño de las fuentes** se adapta a los cambios de pantalla cuando el ancho es en porcentajes. Quizás esta sea la mejor opción si no nos queremos preocupar del tamaño del monitor que tendrá el visitante.

En las páginas realizadas con desplazamiento vertical es más controlable la apariencia horizontal al ser de ancho fijo y se crea una sensación de continuidad que no existe en las páginas de desplazamiento horizontal. Si bien en estas últimas el alto es fijo, es más fácil leer una página de arriba a abajo, que de izquierda a derecha.

En definitiva, debido a la variedad de monitores y sus resoluciones también debemos preocuparnos por el monitor que tendrá quien visita la página.

Una herramienta que podemos utilizar para controlar la apariencia de nuestra web son las CSS u **hojas de estilo para especificar la apariencia**.

Otra de las formas de comprobar la apariencia es visualizando el sitio web en diversos navegadores (Chrome, Firefox, Bing, Safari, etc.).

¿Cómo?

El programador establece en la hoja de estilo unas **reglas** (tipo de letra, tamaño, color, alineación del texto, márgenes, separación, color de los hipervínculos leídos y no leídos, etc.) **que se aplicarán automáticamente a las distintas partes del contenido** (menús, encabezados, textos, etc.) al renovar este, sin necesidad de especificar dichas reglas en el código HTML cada vez que se introduce contenido nuevo. Es como una especie de plantilla que facilita enormemente la subida de contenidos de cualquier tipo a la web por su propietario, sin necesidad de conocer lenguajes de programación.

7. Control de calidad

Para evaluar la calidad de un sitio web tendremos que fijarnos en una serie de indicadores, algunos de los cuales ya se han ido explicando en los apartados previos de esta unidad. Vamos a ver una serie de indicadores necesarios para hacer el control de la web:

⇨ **Accesibilidad**

Se refiere a la capacidad de acceso a la web y a sus contenidos por todas las personas independientemente de la discapacidad que presenten o de las que se deriven del contexto de uso (tecnológico o ambiental). Esta cualidad está íntimamente relacionada con la usabilidad.

- Tipografía que se pueda aumentar de tamaño para ayudar a los usuarios con problemas de visión.

- Proporcionar un texto descriptivo de las imágenes para que las personas ciegas puedan entenderlo, utilizando lectores de pantalla.

- Poner voz a los textos.

- Subtítulos en los vídeos para aquellas personas con dificultades de oído.

Los principales **beneficios** que ofrece la accesibilidad web son:

- Aumenta el número de potenciales visitantes de la página web. Es más probable que una página web que cumple los estándares se visualice correctamente en cualquier dispositivo con cualquier navegador.

- Disminuye los costes de desarrollo y mantenimiento: el coste de desarrollar y mantener una página web accesible es menor que el de una no accesible, ya que una página web accesible es una página bien hecha, menos propensa a contener errores y más sencilla de actualizar.

- Reduce el tiempo de carga de las páginas web y la carga del servidor web: al separar el contenido de la información sobre la presentación de una página web mediante CSS se logra reducir el tamaño de las páginas web y, por tanto, se reduce el tiempo de carga.

Existen herramientas para comprobar la accesibilidad de las webs. Algunas son: TAW, Hera, etc.

⇨ **Navegación**

La navegación es el proceso de acceso a páginas web utilizando un navegador. La idea es que nuestra web tenga una navegación lo más intuitiva posible, es decir que el usuario encuentre fácilmente lo que busca ya desde la primera pantalla a la que llega, que generalmente es la homepage. También será más intuitiva cuantos menos clics (recordemos que deberían ser 3 o menos) necesite para encontrar eso que busca, la velocidad de despliegue de menús, la aproximación sintáctica en la búsqueda, etc.

⇨ **Diseño**

El diseño de una web de calidad debe tener en cuenta una serie de aspectos, tales como navegabilidad, interactividad, accesibilidad, usabilidad, arquitectura de la información y además cómo interaccionan el audio, textos, imágenes y vídeo, en diferentes dispositivos como móviles, tabletas, PC e incluso TV.

⇨ **Contenido**

Recomendaciones para un contenido de calidad:

- Publicar solo contenido original.

- Citar sus fuentes. Incluir información bibliográfica también es una forma de enriquecer las notas.

- Ser concreto. Qué concepto básico se quiere transmitir.

- Ser correcto. Organizar sus artículos en párrafos y las ideas en oraciones. Tratar de llegar a una conclusión final.

- Cuidar las formas. Gramática y ortografía.

- Pensar en los lectores. Después, ya se pensará en Google, y en cómo el artículo será indexado.

- Estar abierto a las críticas.

- Ser regular. Ser constante. Todo lleva su tiempo, sobre todo lo relacionado con el tráfico y la reputación online.

- Ser constructivo, en lugar de destructivo. Pensar en positivo. Aunque parezca que inicialmente el impacto sea menor, a la larga este tipo de contenidos es más beneficioso.

- Elección de palabras clave. Son términos o frases que las personas utilizan al realizar una búsqueda en Internet. Son la principal pieza a la hora de hacer SEO *(Search Engine Optimization)*, la optimización de tus contenidos para aparecer bien posicionados en los motores de búsqueda.

- Tamaño y formato de los contenidos. Evitar textos innecesariamente largos y complicados o demasiado cortos y vacíos de información. Un buen tamaño para empezar es 500 palabras, adecuado para responder a las dudas y lo suficientemente largo para ser beneficiado por Google, que tiende a favorecer textos más completos. Además, es importante variar en el formato para mantener el engagement de tu audiencia. Ofrece infografías, podcasts y prueba nuevos formatos para ver qué es lo que tiene mayor aceptación por parte de tu persona. Los vídeos son una gran tendencia y suman puntos en el SEO cuando se comparan con los competidores que no ofrecen este tipo de contenido en sus sitios web.

- Escaneabilidad. Trabajar la escaneabilidad es formatear tu texto para que sea atractivo a primera vista. Antes de leer un contenido, todas las personas "pasan el ojo" por él para ver de qué se trata y si vale la pena seguir leyéndolo. Es decir, escanean el texto. Intertítulos, imágenes, listas

103

y negritas son buenos recursos para aumentar la escaneabilidad de un contenido, pues escapan del patrón del texto corrido. Los grandes bloques de texto perjudican la comprensión de dónde comienza y dónde termina una línea de raciocinio.

- Revisión. Un texto lleno de errores de ortografía puede terminar con toda la autoridad que tanto luchaste para construir. Por lo tanto, revisa todo el contenido que produzcas, no solo para encontrar errores, sino también para ver si se ajusta a los estándares citados anteriormente. Lo ideal es esperar algún tiempo después de la redacción para hacer la revisión, pues si la haces enseguida, algunos errores pueden pasar desapercibidos.

- Optimización para los motores de búsqueda (SEO). No basta con publicarlo en la portada de tu blog. Necesitas optimizarlo para que sea encontrado por el usuario. Y es ahí donde entra el SEO, que son las prácticas de optimización para los motores de búsqueda y una de las principales estrategias de la metodología Inbound. Los buscadores como Google y Bing utilizan algoritmos para clasificar todos los contenidos indexados. Es por medio de estos algoritmos que los buscadores definen que el artículo X es más importante que el Y, y, por lo tanto, debe ser el primero colocado en la página cuando una persona busca determinada palabra clave.

⇨ **Consideraciones técnicas**

Evaluación de las métricas web principales como el tiempo para renderizar una imagen o el bloque de texto más grande visible dentro de la ventana de visualización, en relación con el momento en que la página comenzó a cargarse (LCP), tiempo desde que un usuario interactúa por primera vez con una página hasta el momento en que el navegador puede comenzar a procesar controladores de eventos como respuesta a esa interacción (FID), mide la ráfaga más grande de las puntuaciones de cambio de diseño para cada cambio de diseño inesperado que se produce durante toda la vida útil de una página (CLS), tiempo que transcurre desde que la página comienza a cargarse hasta que cualquier parte del contenido de la página se representa en la pantalla (FCP), capacidad de respuesta general de una página midiendo todas las interacciones de clic, toque y teclado realizadas con una página (INP), mide el tiempo entre la solicitud de un recurso y cuando comienza a llegar el primer byte de una respuesta (TTFP), errores del servidor, funcionamiento de los enlaces, etc.

⇨ **Consideraciones legales**

Se trata de especificar cómo se tratan los datos de los usuarios, qué se debe aceptar para poder navegar libremente por nuestra página, qué servicios de terceros están incluidos y qué datos se recolectan, como así también toda información relevante y relacionada con la privacidad del usuario (LOPD, RGPD y LSSICE).

De la estructuración del sitio web dependerá que los visitantes encuentren lo que buscan. Es importante, por lo tanto, que las indicaciones de navegación sean claras: barras de navegación en sitios claros, enlaces a otra información...

Una herramienta de gran ayuda es la inclusión de un buscador interno que permita a los usuarios buscar directamente los temas que le interesan.

Hay que tener presente, también, la consistencia en el diseño de la página web, que permitirá al usuario sentirse cómodo navegando por ella.

Por último, es necesario cuidar la apariencia, rendimiento y calidad del sitio web.

UNIDAD DIDÁCTICA 6

¿Quiénes construyen los websites?

Contenido & Objetivos

Introducción

1. **Los contenidos**

2. **Las cookies como herramientas a la personalización de contenidos**

3. **Cómo atraer navegantes a un sitio web**

4. **Estrategias online**

5. **Posicionamiento en buscadores**

6. **Titles**

7. **Meta descripción**

8. **Meta *keywords***

9. **Html *body structure***

10. **Cabeceras H**

11. **JSON-LD**

12. **Open Graph**

13. **UX**

14. **UI**

15. **CX**

Resumen

Los **objetivos** de esta unidad son:

1. Aprender cómo deben ser los contenidos y cómo gestionarlos.

2. Lograr atraer navegantes a nuestro sitio web y saber posicionarlo.

3. Construir la mejor estrategia web.

Introducción

La presente unidad pretende hacer una visión general para poder construir un sitio web. Es importante tener un conocimiento general de los términos, procesos, detalles a tener en cuenta para poder sacar el máximo partido al sitio.

Se explica, también, en qué consiste una buena estrategia online para lograr posicionar bien nuestro sitio web.

1. Los contenidos

Hay que tener muy presente que en Internet quien manda es el usuario. Manda tanto, que **en los primeros 5 segundos ya ha decidido si la web en la que acaba de entrar le interesa o no**. Por eso, es conveniente presentarle los contenidos que puede encontrar fácilmente.

El usuario que ha llegado a la web a través de una búsqueda, o de un link en otra web, quiere conocer la temática de la web; por eso se debe ofrecer contenido de calidad, contenido que verdaderamente interese al usuario.

La importancia de los contenidos es tal que ha derivado en una línea especializada de marketing, llamada content marketing, que se basa en la creación de contenidos originales para la web y redes sociales, de forma que capten la atención de nuestro público objetivo y lo atraigan hacia nuestros canales de comunicación, provocando la interacción.

Actualmente hay muchas agencias que ofrecen contenidos clasificados por sectores o áreas de actividad, basados en palabras clave adecuadas al sector y que ayudan al posicionamiento web, pero incluso en estos casos es preferible la creación de contenidos originales propios.

Solo sabremos crear contenidos de interés para nuestros clientes y prospectos si los llegamos a conocer bien, por eso tenemos que utilizar el estudio de necesidades del consumidor del plan de marketing y entender cómo piensa nuestro cliente.

¿Cómo podemos saber qué contenidos son los que interesan a nuestra audiencia?

Se trata de contenidos acerca de estudios relacionados con el sector, con preguntas habituales de clientes que surgen en el día a día de la operativa de la empresa, dudas, etc., en definitiva, **contenidos relevantes**.

Además de que el contenido sea relevante para los internautas, debemos tener **cuidado también con el lenguaje** que utilicemos y con esto nos referimos al abuso del lenguaje publicitario, del tipo: "Somos el número uno en el sector", "Tenemos los mejores precios", "Máxima calidad al menor precio", "No se arrepentirá", etc.

El usuario está más que acostumbrado a este lenguaje y le da poca credibilidad, por eso si nosotros buscamos otra cosa, este no será el camino. Una empresa que utilice en exceso este lenguaje da una imagen de falta de profesionalidad e incluso puede que el usuario sienta desconfianza. La idea fundamental es **dar a conocer los productos de la empresa en profundidad** y el usuario sacará sus propias conclusiones.

Por supuesto, esto no quiere decir que no podamos **destacar los puntos fuertes de la empresa**, pero ha de hacerse de otra manera: aportando contenido a las frases (por ejemplo, si decimos que somos los mejores, tenemos que justificar en qué somos mejores y por qué), que sean veraces, y sin abusar. Podemos utilizar la negrita para resaltar esa idea clave.

Otro aspecto que debemos tener muy en cuenta es la **actualización de esos contenidos. Una web que no actualiza contenidos** es una web "muerta", y además en dos sentidos:

1. **"Muerta" para el usuario** porque deja de ser atractiva, no le aporta nada nuevo y deja de entrar en ella ¿para qué van a entrar si ya conocen toda la información y nunca se añade nada nuevo?

2. **"Muerta" para los motores de búsqueda**, ya que los buscadores interpretan que la no actualización de una web se debe a que está abandonada y va bajando en los resultados de búsquedas.

Entonces, nos encontramos ante el reto de añadir contenidos:

¿De dónde los sacamos?

La idea es ir surtiendo la web con **nuevos servicios o productos, campañas de temporada, noticias del sector, agenda con reuniones, conferencias, cursos, etc.**, que vayan saliendo. Si vamos insertando este tipo de información en la web, la estamos dotando de contenido actual sobre la temática de nuestra empresa (contenido relevante), con lo que se obtendrá mejor posicionamiento en buscadores y además, los visitantes se harán fieles, nos añadirán a su lista de favoritos o se suscribirán a estas actualizaciones, la recomendarán a amigos, etc.

2. Las cookies como herramientas a la personalización de contenidos

Inicialmente, las cookies fueron creadas para poder conservar la información sobre el estado de la navegación de los internautas, pero pronto se explotó su potencial para rastrear a los navegantes. Esta característica de **rastrear a los navegantes** es la que nos **permite personalizar los contenidos** y, como sucede ahora, que aparezcan anuncios de la zona en la que te estás conectando cuando realizas una búsqueda. Pero se ha abusado tanto por parte de los anunciantes que los usuarios recelan de ellas, y hay quien las borra después de cada sesión o directamente la bloquea al acceder a la página por la actual ley de cookies, que establece que el uso de rastreadores debe ser transparente y su consentimiento, libre y voluntario. De acuerdo con el RGPD, el usuario debe ser informado acerca de los tipos de rastreadores que emplea una página web, cuál es su finalidad y cómo se tratarán los datos recopilados. Las principales directrices de privacidad y uso de cookies desde 2020 son las siguientes:

⇨ El consentimiento debe ser previo, informado y voluntario cuando se visitan las páginas web.

⇨ Se debe informar específicamente sobre las cookies que se usan en la página.

⇨ Es obligatorio indicar qué fines tienen las cookies, cómo se tratarán los datos y cuáles son las empresas responsables.

⇨ El banner de cookies debe contener opciones para que el usuario acepte, rechace o configure sus preferencias.

⇨ Queda prohibido obtener el consentimiento de los usuarios de forma tácita si el usuario sigue navegando.

⇨ No están permitidos los denominados "muros de cookies", es decir, no se puede vincular el acceso a los servicios de una web con la aceptación de las cookies.

⇨ Se debe informar a los usuarios sobre las cookies de terceros.

⇨ Es necesario ofrecer la opción de habilitar o deshabilitar el uso de cookies en los sitios web.

Actualmente, el Consejo Europeo responsable del Reglamento ePrivacy está trabajando en una nueva versión que ponga en armonía a las diferentes normativas de los estados miembro de la Unión Europea. El objetivo es que todos los países del Espacio Económico Europeo compartan las mismas legislaciones en esta materia.

¿Qué es realmente una cookie?

El protocolo HTTP (protocolo de transferencia de hipertexto) de Internet es el que se usa para la navegación a través de páginas web. Este protocolo no permite distinguir si dos peticiones consecutivas provienen del mismo usuario o de dos distintos. Por eso, nacieron las cookies. **Cuando un usuario pide por primera vez una página al servidor, este manda una cookie a su navegador con un identificador único**. El navegador la almacena en el disco duro y, si más tarde decide pedir otra página al mismo servidor, el navegador le devuelve la cookie junto con la nueva petición de página, de manera que el servidor pueda reconocerle como el visitante anterior.

Las cookies **son ficheros de texto ASCII que el navegador del usuario almacena en el disco duro**. Por tanto, su mala fama es infundada. Las cookies no pueden espiar nada y enviar información nuestra a ningún sitio, porque no son más que ficheros de texto.

111

Con respecto a la **información que almacenan las cookies**, tampoco tenemos que preocuparnos, ya que solo contienen lo que el servidor les ha pedido que guarden. Si el servidor dispone de algún dato confidencial del usuario es porque este se lo ha entregado previamente, pero no porque las cookies lo guarden. Cuantos más datos se revelen al servidor, mejor podrá identificarle este. Entonces, la intimidad sí se puede ver amenazada.

Por eso, las cookies son una gran herramienta para las agencias de publicidad, sobre todo porque pueden seguir a un usuario a través de todas las páginas en las que haya colocado banners. Este conocimiento permite a la agencia dirigir su publicidad según las supuestas preferencias del usuario. Este peligro de atentar contra la intimidad de las personas está legislado en muchos países. Por lo que se utilizan herramientas como Google GTM, Datalayers, etc., donde se busca la interacción y los eventos como disparadores.

3.   Cómo atraer navegantes a un sitio web

La principal utilidad y ventaja de tener una página web es que se trata de una **carta de presentación indispensable en el marketing online**. Pero la página web, además de estar disponible para recibir visitas, debe atraer a los usuarios y ofrecerles algo para mantenerlos atentos a sus novedades, ya que lo que interesa es que estos usuarios se conviertan en clientes para que el sitio web logre mejorar las ventas.

Aunque no existen fórmulas mágicas detallamos algunas claves para llevar usuarios a un sitio online **y convertir las visitas en ventas**.

Asegúrate de que el sitio web tenga una presentación óptima. Para ello, ten presente estos 2 **factores preliminares**:

1.   **Diseño**

Un diseño atractivo es la primera impresión de los visitantes. Es importante mantenerlo **dinámico pero no sobrecargado** y además uno de los principales factores del diseño web en la era mobile es la **adaptación**, es decir, tener un diseño **responsive** que se pueda ver desde cualquier dispositivo correctamente, ya que una vez que se capta la atención del usuario hay que hacer lo posible para que permanezca en la página, independientemente del dispositivo desde donde se conecta, por eso, actualmente se suele desarrollar el diseño mediante "Mobile First" antes que "responsive", como ya hemos visto, ya que, el porcentaje de usuarios que se conectan a la web y plataformas la inmensa mayoría lo hace desde dispositivos móviles.

2.   **Usabilidad**

Además de atractivo, el sitio debe ser **amigable** para el usuario. Esto quiere decir que quien ingresa a la página web debe poder encontrar con facilidad aquello que está buscando y si el objetivo es obtener ventas y contactos, también debe estar visible y funcionar correctamente el **formulario de registro** o el proceso de venta. Parece un detalle menor, pero es importante **asegurarse de que todo funcione rápido y correctamente** antes de comenzar a promocionar el sitio. Los botones tienen que ser visibles, los textos muy claros y el funcionamiento óptimo.

Las **acciones complementarias** para tu página web son:

⇨ **Firma en los emails**

Una de las reglas básicas, pero no menos importante, es incluir la URL de la página web en todas las firmas de emails y en todas las **comunicaciones de la empresa**.

⇨ **Blog**

Un blog de contenidos y noticias relacionadas con el área de la marca es una muy buena y eficaz forma de **atraer usuarios a la página**. La clave es pensar **contenidos y temáticas atractivas para los usuarios,** aunque no estén directamente relacionadas con los productos que se comercializan en la web. De esta manera se tendrán más visitas y luego se podrá **capitalizar ese tráfico para promocionar los productos o servicios**.

Para optimizar los contenidos y conocer las tendencias se pueden utilizar herramientas muy útiles como Google Trends o Trends Map y definir un temario relacionado con la marca en base a las **tendencias de búsqueda en la web**.

⇨ **Redes sociales**

Las redes sociales son la conexión directa y fidedigna con los clientes. Son la posibilidad de **comunicación o feedback real y directo** sobre los productos y servicios. ¡Saber aprovecharlas y utilizarlas es de gran ayuda para llevar tráfico al sitio y obtener conversiones!

Realizar concursos, dinámicas, sorteos, encuestas y todo tipo de interacciones con los usuarios será de gran ayuda. Hay que asegurarse de tener **una cuenta en cualquier red social actualizada**, con información completa y con imágenes de buena calidad para atraer a los usuarios y que se lleven una **experiencia positiva de su visita**.

⇨ **SEO**

Una vez que estemos seguros de tener el sitio web listo para recibir visitas, hay que comenzar a implementar diferentes herramientas para **difundir los contenidos** y lograr las tan ansiadas conversiones. Una de las más efectivas es el **posicionamiento en buscadores o SEO**. El comportamiento actual de los usuarios de Internet está gobernado por los buscadores, el SEO es un conjunto

113

de herramientas que permite posicionar tu URL entre los primeros resultados de Google según algunos **algoritmos que el buscador maneja**.

Para lograrlo, se pueden **escribir contenidos en base a palabras clave,** o inclusive comprar palabras clave que tengan que ver con el rubro de la marca y así **asegurarse los primeros lugares en los avisos patrocinados** del buscador. Aunque esto último es un arma de doble filo ya que los usuarios ya conocen los secretos de los enlaces patrocinados y pueden saltearlos e ir directamente a los resultados generales de la búsqueda. El trabajo de SEO es un trabajo de hormiga que requiere constancia y dedicación, pero obtendrá excelentes resultados a largo plazo.

⇨ **Páginas de clasificados**

Las páginas de clasificados y de venta online como Wallapop, Ebay o Amazon son muy útiles para lograr visibilidad en la web. Dependiendo del producto o servicio que la marca ofrece, **publicar avisos en sitios de venta** de gran alcance puede ayudar a llevar tráfico a la página web.

⇨ **Clubes de compras**

De la misma forma que las páginas de clasificados, los clubes de compras o clubes de cupones son muy útiles también a la hora de **dar visibilidad a la marca o los productos**. Es una muy buena técnica para aparecer en las búsquedas de productos puntuales, y de esa manera asegurarse de que los usuarios realmente interesados en nuestro producto lleguen a conocer la marca y entren a la página.

Recuerda siempre que el objetivo de estas técnicas de *inbound marketing* es atraer clientes a partir de un interés genuino y hacer que ellos se interesen en nuestros productos durante el proceso de decisión de compra. Además de atraer público y tráfico a la página web, **hay que presentar algo atractivo** para que **permanezcan y conozcan lo que ofrecemos.**

4. Estrategias online

La **estrategia de marketing online** es una **estrategia de canal** basada en el conocimiento del comportamiento del cliente en el medio y de las características del mercado en el que desempeñamos la actividad online.

Para desarrollar una buena estrategia de marketing online hace falta tener conocimientos de marketing para poder así extrapolar esas bases, pilares o cimientos a otros canales.

Una **estrategia de marketing online** define cómo debemos:

1. **Alcanzar nuestros objetivos** definiendo presupuestos para adquisición, conversión, retención y crecimiento de clientes.

2. **Priorizar los productos/servicios** que vamos a ofrecer a través del canal.

3. **Priorizar las audiencias** que debemos alcanzar a través de este canal.

4. **Comunicar** nuestros beneficios utilizando este canal.

Los diferentes elementos de una estrategia de marketing online son:

⇨ **Estrategia de mercados y productos**

Una buena herramienta para hacernos un esquema mental es la matriz Ansoff, una herramienta de marketing utilizada para explorar las posibles estrategias de crecimiento que una empresa puede tener.

MATRIZ DE DESARROLLO DE MERCADOS Y PRODUCTOS		Producto	
		Existente	Nuevo
Mercado	Existente	**Penetración del mercado**: cuando un negocio crece con sus bienes o servicios actuales en mercados conocidos.	**Desarrollo de nuevos productos**: cuando un negocio crea un nuevo bien o servicio en mercados conocidos.
	Nuevo	**Desarrollo de nuevos mercados**: cuando un negocio entra con un bien o servicio conocido en mercados nuevos.	**Diversificación**: cuando un negocio entra a un nuevo mercado con un bien o servicio nuevo.

⇨ **Estrategia de modelos de generación de ingresos**

En el caso de sitios web orientados al comercio electrónico el modelo es bastante claro: la mayoría de los ingresos serán generados a través de la venta directa en el canal web. Pero para otros tipos de sitios web no transaccionales, los modelos de ingresos deben quedar claros:

- Ingresos generados indirectamente mediante la conversión en ventas de leads (formularios de datos) de origen web pero cerradas en otros canales.

- Ingresos generados por modelos de suscripción a servicios o contenidos.

- Ingresos generados por publicidad en el sitio web: banners, etc.

- Ingresos generados por pago por visión o descarga.

⇨ **Estrategia de selección de audiencias (público objetivo)**

En general, siempre es más rentable concentrar las actividades de marketing en segmentos lo más reducidos y específicos posibles.

A través de la segmentación buscamos dar respuesta a las siguientes preguntas:

- Características: ¿quiénes son?

- Comportamiento: ¿qué es lo que hacen y cuándo?

- Opiniones: ¿cómo valoran tu marca y servicios online respecto a la competencia?

- Valor: ¿qué y cuánto valor aportan a la organización?

- Actitudes: ¿qué es lo que piensan?

El proceso de segmentación debe cumplir estas 3 fases:

1. Identificación: identificar grupos similares de consumidores.

2. Selección: seleccionar los grupos a los que queremos alcanzar.

3. Posicionamiento: crear el concepto que queremos transmitir al grupo seleccionado.

⇨ **Estrategia de desarrollo de oferta (propuesta de valor)**

En este punto se especifican las variables que conformarán la oferta que vamos a proponer a nuestro público objetivo.

Resulta fundamental desarrollar una oferta o propuesta de valor diferenciada. No es recomendable limitarse a replicar las ofertas ya existentes en otros canales, sino extenderlas a propuestas de beneficios únicamente disponibles en el canal online.

Es necesario definir la "hoja de ruta" que va a sostener la parte ejecutiva y operativa del plan de marketing, las famosas 4 P's del marketing:

- **Producto**: aquello tangible o intangible que se ofrece a un mercado para su adquisición.

- **Precio**: monto monetario del intercambio asociado a la transacción. Aquí se incluye: formas de pago, crédito, descuentos, recargos, etc.

- **Plaza (distribución)**: dónde se va a comercializar el producto o servicio.

- **Promoción (comunicación)**: comunicar, informar y persuadir al cliente. La promoción incluye publicidad, promoción y relaciones públicas.

⇨ **Estrategia de comunicación**

Define cómo los visitantes son llevados al sitio web desde otros sitios web o a través de comunicaciones en otros canales.

1. **Traer visitantes a un sitio web desde otros sitios web**

   ▶ Objetivo: pretendemos comunicarnos con las audiencias a través de medios digitales para lograr los objetivos de negocio.

   ▶ Foco: adquisición de clientes.

   ▶ Estrategia: atraer visitantes al sitio web o conseguir conocimiento de marca en sitios de terceros.

   ▶ Tácticas: comunicarse con los segmentos a través de la publicidad interactiva, marketing en buscadores, relaciones públicas online, patrocinios, acuerdos con terceros, email y marketing viral.

2. **Traer visitantes a un sitio web desde otros medios no digitales**

   ▶ Objetivo: animar a clientes potenciales a utilizar los canales digitales.

   ▶ Foco: adquisición de clientes y migración de clientes actuales para utilizar canales digitales.

   ▶ Tácticas: comunicarse con los segmentos objetivos a través de marketing directo, compra de medios (editoriales, radio, TV), relaciones públicas y patrocinios comunicando nuestra propuesta de valor online.

3. **Llevar visitantes desde el sitio web**

   ▶ Objetivo: utilizar el canal online para conseguir ventas en canales offline.

   ▶ Foco: conseguir ventas offline.

117

▶ Tácticas: utilizar llamadas a la acción en el contenido de páginas o emails para llevar la conversión o solicitudes de servicio a otros canales.

4. **Llevar visitantes a través del sitio web**

▶ Objetivo: conseguir una venta u oportunidad de venta.

▶ Foco: conseguir ventas directas o indirectas a través del sitio web.

▶ Tácticas: promociones primera compra, optimización del diseño del sitio web, optimización de landing pages y página de inicio.

Y una vez definida nuestra estrategia nos ponemos manos a la obra con las acciones, las tácticas y con los métodos de medición o control de resultados.

5. Posicionamiento en buscadores

Más del 70% de los usuarios encuentran lo que buscan vía "motores de búsqueda" o más comúnmente llamados "buscadores". Muchas empresas tienen una página web, pero nadie la encuentra porque no tiene una estrategia de posicionamiento en la web. De nada sirve tener una página web a la que nadie va a llegar. La mayoría de internautas revisan solamente la primera página de resultados de Google, y de esta, solo los primeros resultados. Por eso es tan **importante el lugar (orden) en que aparecemos en esa lista de resultados que les proporciona el buscador**.

A esto se llama **posicionamiento en buscadores**: a encontrar la forma de salir lo más alto posible en la lista de resultados del buscador. Desde el lado de la empresa que quiere aparecer entre los primeros, pueden llevarse a cabo acciones que nos hagan conseguirlo. Esas acciones pueden ser de:

⇨ **SEO** *(Search Engine Optimization)*, conocido también como posicionamiento orgánico o natural.

Se trata de un conjunto de acciones que optimizan aspectos internos y externos de la web para conseguir mejorar su posición en los resultados de los buscadores, incrementando su visibilidad y atrayendo el mayor tráfico posible y de mejor calidad.

⇨ **SEM** *(Search Engine Marketing)* o lo que es más conocido como marketing en buscadores.

Se trata de un conjunto de acciones que buscan mejorar el posicionamiento de una web, tanto por posicionamiento natural (SEO) como por la compra de enlaces patrocinados o de cualquier otro tipo. Se trata de acciones tan diversas como: anuncios en páginas web, envíos de correo masivos, buscadores, redes sociales, blogs, etc.

Hay que tener en cuenta que el SEO se realiza desde el momento en el que se empieza a crear la web. Cómo esté construida su programación es un elemento esencial del posicionamiento orgánico. En plataformas como WordPress, por ejemplo, existen diversos pluggins que, automáticamente, actualizan e impulsan la parte SEO.

En definitiva, **SEM = SEO + marketing en buscadores**.

6. Titles

De todo lo que se puede hacer para optimizar un sitio web en buscadores, solo hay una cosa más importante que el contenido: la etiqueta de título.

Si los títulos de las páginas no están bien escritos, difícilmente se conseguirá tráfico. De hecho, un mal título hará perder visibilidad en las búsquedas. La etiqueta de título es fácil de optimizar y suele producir cambios en poco tiempo, por lo que debería desestimarse en la estrategia SEO.

⇨ **Qué es la etiqueta de título**

La etiqueta de título o title tag es un fragmento de código HTML situado al comienzo de la sección <*Head*> del código de una página web.

Su aspecto es similar a este:

<title>*Este es el título de la página*</title>

Este código indica el nombre descriptivo de la página web y aparece en la pestaña del navegador.

Si se utiliza un gestor de contenidos o CMS probablemente será lo primero que se introducirá al crear una nueva página. Se trata de un campo señalado como *título de página, título del documento* o simplemente *título*.

⇨ **Por qué es importante**

Hay 3 razones fundamentales:

- **Influye en la visibilidad**: los buscadores prestan especial atención a las palabras que aparecen dentro de la etiqueta de título, de modo que si se coloca una palabra en el título, probablemente se obtendrá una posición mejor que otra página que no la tenga.

- **Influye en las visitas**: el título suele ser el texto de enlace que aparece en la página de resultados del buscador, lo que tiene una gran influencia en las visitas junto con la meta descripción. Un título pertinente y atractivo tiene más posibilidades de recibir clics que otro que no lo sea.

- **Influye en la difusión**: no solo los buscadores emplean la etiqueta de título en sus resultados, sino que muchas redes sociales también la usan como texto de enlace. Si es buena, contribuirá a que otros usuarios hagan clic y finalmente compartan la página.

⇨ **Cómo crear una etiqueta de título que atrae tráfico**

Para sacarle todo el partido a la etiqueta de título, esta debe describir el contenido de la página de forma fiel, clara y concisa.

1. Incluye palabras clave pertinentes

La etiqueta de título es el lugar más importante para poner las palabras clave. De hecho, si solo se pudieran usar palabras clave en un sitio, debería ser este sin lugar a dudas.

Los buscadores usan las palabras de la etiqueta de título como señal para identificar las páginas más apropiadas para la consulta de usuario, por lo que si se introduce en ella palabras clave, las posibilidades de aparecer en los resultados serán mayores.

Ahora bien, esto no significa que se deba atestar los títulos de palabras clave, ni tampoco usar términos imprecisos para captar más visitas. El usuario que llega a un sitio web guiado por un título engañoso acaba por irse, llevándose consigo una imagen negativa. Por eso, una de las mejores maneras de iniciar la experiencia de usuario consiste en mostrar un título fiel al contenido de la página. De esta forma es más fácil atraer al público apropiado y satisfacerlo, lo que redunda en beneficio de todos.

2. Usa la estructura adecuada

Hay 2 formas de optimizar el título de una página web según las mejores prácticas:

▶ Palabras clave principal y secundaria | Nombre del sitio

▶ Nombre del sitio | Palabras clave principal y secundaria

Utilizar una u otra depende de un par de cosas; por un lado, de la dificultad que ofrece la palabra clave que quiera posicionarse, y por otro, de si el objetivo es potenciar la imagen de marca.

Las palabras situadas a la izquierda del título ejercen más peso sobre el buscador. Entonces, si se compite por un término muy disputado, lo más efectivo es colocar la palabra clave en primer lugar y dejar el nombre del sitio al final.

En cambio, si se persigue un término poco disputado y el nombre del sitio puede marcar la diferencia en la tasa de clics, es mejor dejar la palabra clave en segundo lugar, aunque con esta estructura las palabras clave ejercerán menos peso.

En cuanto a los separadores, los más comunes son "-", ":" y "|", aunque se pueden usar otros si facilitan la lectura.

3. **Limita la longitud**

    Siempre se debe medir la longitud de la etiqueta de título. Los buscadores disponen de poco espacio en sus páginas de resultados, por lo que un texto demasiado largo aparece cortado, estropeando el mensaje que se quiera transmitir al usuario.

    Se puede prevenir el recorte de los títulos dando una longitud máxima de entre 50 y 65 caracteres. Este largo es suficiente para no llevarse sorpresas, aunque en realidad Google no aplica un límite basado en caracteres, sino en píxeles.

    Para medir la longitud en caracteres es recomendable usar la herramienta de previsualización de snippets de SEOmofo, mientras que para hacerlo en píxeles es más adecuada la de Moz.

⇨ **Comprobaciones esenciales**

Es recomendable hacer algunas comprobaciones antes de dar a una etiqueta de título por buena:

*   **¿Has incluido palabras clave?** Es importante que al menos la palabra clave principal aparezca en el texto de la etiqueta. Cuanto más al principio mejor, pero sin forzar.

*   **¿Es inferior a 65 caracteres?** Un título demasiado largo aparece truncado en los buscadores, por lo que controlar el largo en caracteres o píxeles es buena idea.

*   **¿Está libre de erratas?** Asegurarse de que no se ha cometido ningún error al teclear el texto, ya que esto podría echar por tierra todo el trabajo. Si el gestor de contenidos o CMS genera los títulos automáticamente, hay que vigilar que lo esté haciendo bien.

*   **¿Harán clic?** Si se tienen muchos competidores es fácil que todas las páginas tengan un título parecido en la página de resultados de búsqueda. Para conseguir que el usuario haga clic en la tuya y no en la de otro, el título debería distinguirse lo suficiente y ser capaz de atraer la atención del usuario.

⇨ **Errores comunes**

Es bueno resaltar los fallos más frecuentes para evitarlos:

- **Incluir demasiadas palabras clave**: la etiqueta de título debe ser corta y simple. No debería incluir más de 2 palabras clave.

- **Escribir títulos sin sentido**: con la idea de meter palabras clave, a veces se obtiene un texto difícil de leer. Recuerda que la función del título es indicar de qué trata la página, claramente.

- **Emplear el mismo título más de una vez**: un método que usan los buscadores para detectar contenido duplicado consiste en comprobar si una misma etiqueta de título aparece en varias páginas.

- **Desaprovechar la oportunidad**: definitivamente, un título que dice "Inicio" o "Bienvenido" no hace nada por ti en los buscadores. Tampoco uno que muestra el lema de tu empresa.

7. Meta descripción

La Meta descripción:

Se trata de la descripción de cada site de la web. Amplía y detalla la información del título.

⇨ En función de los enlaces, puede incluir indicadores de precio, así como promociones del anunciante y frases que inciten a la compra.

⇨ La descripción está limitada a 200/250 caracteres, espacios incluidos. Google permite dos líneas de un máximo de 35 caracteres cada una.

⇨ El usuario tiene la posibilidad de hacer clic sobre la descripción en función de los diferentes tipos de implementaciones.

8. Meta *keywords*

 La etiqueta meta *keywords* se utiliza para resumir el contenido de un documento en base a unas cuantas palabras clave (de ahí su nombre). Por ejemplo, si yo quisiera describir esta misma página con palabras utilizaría términos del tipo "etiquetas meta", "meta descripción", "meta *keywords*", etc.

En los primeros tiempos del marketing en buscadores, las palabras que aparecían en la etiqueta meta *keywords* eran útiles para ganar relevancia y mejores posiciones en los rankings. Sin embargo, debido al abuso de palabras clave (conocido como *keyword stuffing*) los buscadores **ya no les prestan atención,** por lo que no tiene sentido seguir empleándolas. Es bueno saber esto ya que algunos SEOs sin escrúpulos siguen vendiendo el trabajo de "optimización de meta *keywords*" como parte de sus servicios.

Una palabra clave es un **término o expresión que describe de forma objetiva la actividad del anunciante,** y que es susceptible de ser motivo de interés por parte de un internauta. Por ejemplo, para una inmobiliaria algunas palabras clave pueden ser: "alquiler casa", "venta casa", "piso", "obra nueva", "chalet", "apartamento"...

No hay límite de palabras clave, solo los que su relevancia con la actividad del anunciante y el contenido del sitio imponen. Se trata de que cuando el usuario introduce unos términos en un motor de búsqueda, en la lista de resultados de sitios web relacionados con esos términos, esté el nuestro porque hayamos elegido bien nuestras palabras clave.

Los anunciantes pueden adquirir palabras claves con el propósito de dirigir el enlace al sitio web del anunciante, o bien con el propósito de insertar un anuncio publicitario relacionado con la búsqueda del usuario.

Las **características** de las palabras clave son:

1. **Relevancia**

    - Tenemos que buscar **palabras que sean relevantes para nuestro negocio.**

    - Existen herramientas que pueden ayudarnos en esta tarea, como **Google Ads Planificador de palabras clave.**

2. **Popularidad**

    - Existen herramientas para conocer la popularidad de distintos términos o sinónimos, por ejemplo: **Google Trends.**

3. **Competencia**

    - Verificar quién sale en los primeros puestos para cada palabra que estemos valorando.

Cada palabra clave lleva asociado un título, una descripción y una URL (dirección electrónica) de destino.

Si un anunciante tuviera un negocio de flores, podría tener el siguiente enlace patrocinado:

Palabras clave	Ramos de novia.
Título	Se hacen ramos de novia por encargo.
Descripción	En "Empresa XX" encontrará una gran variedad de ramos de novia por catálogo o de encargo. Reparto a toda España.
URL	www.empresaXX.es/ramosdenovia.html

9. Html *body structure*

La estructura básica del cuerpo del documento HTML está conformada por los siguientes **elementos**:

⇨ *Header.*

⇨ *Navigation.*

⇨ *Content.*

⇨ *Side Bar.*

⇨ *Footer.*

10. Cabeceras H

Sirven para indicarle a Google para qué palabras clave queremos posicionar nuestros contenidos.

El H1 es la palabra clave principal que queramos atacar, el H2 son las palabras derivadas de la palabra clave principal, los H3 son palabras clave derivadas, semánticas y LSI (palabras clave de indexación semántica latente) aquellas a las que recurrir en caso de ser necesarias. Todos ellos deben ser utilizados con sentido y de forma natural.

Sirven para estructurar y jerarquizar correctamente los contenidos: proporcionaremos a los usuarios una lectura más agradable y fácil que, sumado al valor que estemos aportando con el contenido en sí, se transformará en una muy buena respuesta de usuario.

11. JSON-LD

Es una **forma estandarizada** para indicar relaciones de datos en objetos JSON. Para ello se han utilizado los principales estándares de cada disciplina: objetos JSON que son el estándar de facto para la comunicación entre webs y Schema.org, el estándar de relación de datos utilizado por los principales buscadores del mundo: Bing, Google y Yandex. Las ventajas que ofrece este tipo de notación frente a los microformatos es que separa completamente la visualización de la página web del marcado semántico.

Estas etiquetas, que se pueden colocar en el código html de nuestra web, tienen un **significado** y sirven para poder **facilitarle las cosas a Google** cuando rastree nuestra web. De esa manera, el buscador podrá organizar nuestra información más rápidamente y nos tendrá más en cuenta si la búsqueda de información está detallada.

La gente ya no busca palabras clave como "perro" o "concierto", ahora las búsquedas son algo más largas, "conciertos de rock en madrid", "receta para cookies de chocolate", etc. Introduce en Google alguno de estos criterios de búsqueda y observa los resultados.

A día de hoy podemos diferenciar bastantes funciones para los datos estructurados, pero podemos destacar los más famosos como:

⇨ **Eventos**

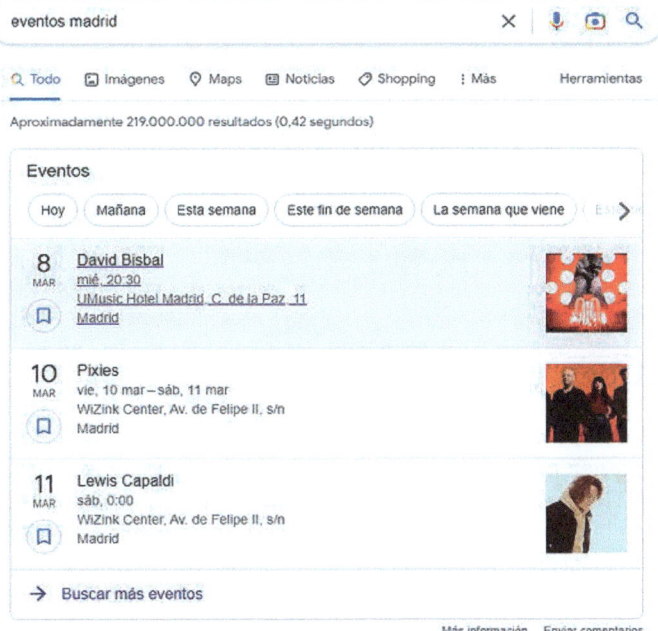

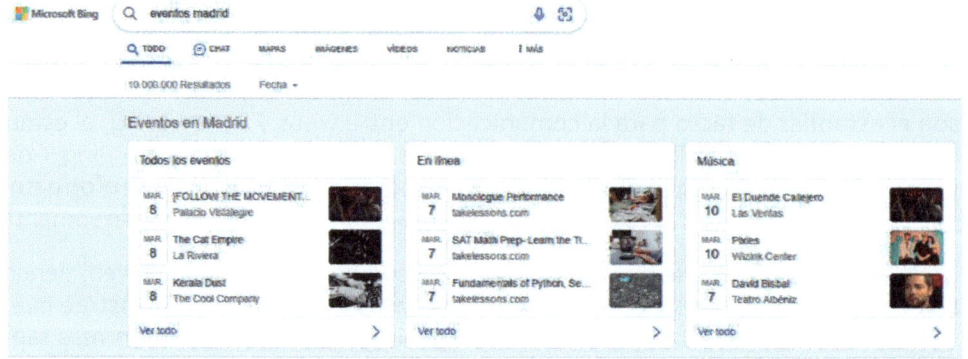

⇨ **Preguntas frecuentes**

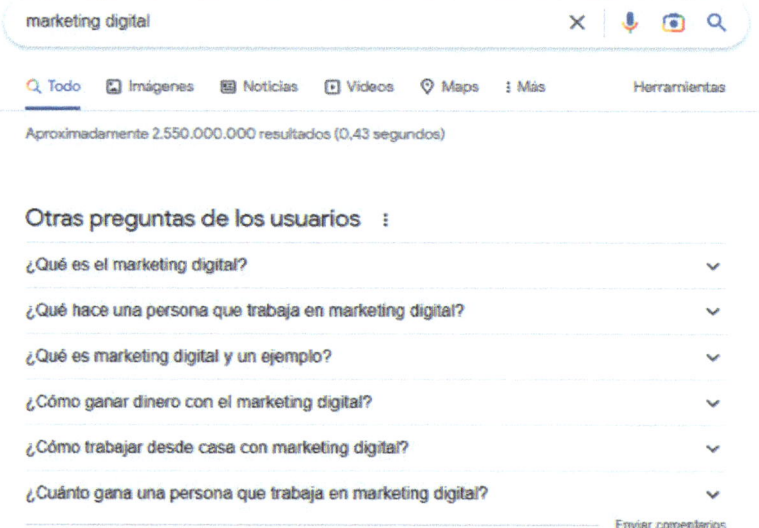

12. Open Graph

Las metaetiquetas, o protocolo Open Graph, fueron creadas por Facebook y permiten mostrar cualquier página web con un **formato enriquecido en redes sociales**. Estas etiquetas HTML serán las encargadas de mostrar el contenido (título, la descripción, la imagen de la página...) de una página que se comparte en las redes sociales. Si estas etiquetas no existen o no se indican, se mostrará **aleatoriamente** la información, escogiendo una fotografía al azar, un título o descripción poco descriptivos.

Básicamente, se trata de una serie de etiquetas Meta, que permiten especificar una cantidad bastante amplia de datos destacables de una página web, como título, descripción, imágenes, vídeos, etc. Esta información será usada por Facebook y otras redes sociales (WhatsApp, Pinterest, etc.) para presentar un recurso, a la hora de ser compartido entre los contactos o seguidores.

13. UX

El término UX viene de *User Experience*, o experiencia de usuario. Básicamente, es **cómo se siente** una persona mientras usa cualquier producto o servicio digital que tu empresa ofrece. UX tiene que ver también con la sensación de esta persona después de usar tu producto. Eso incluye su experiencia con tu sitio web y blog, el sistema online o la aplicación, incluso, si tu negocio no es 100% digital también aplica.

La UX incluye todas las emociones, creencias, preferencias, percepciones, respuestas físicas y psicológicas, comportamientos y logros de los usuarios que ocurren antes, durante y después del uso. Cuando diseñamos productos digitales no solo tenemos que pensar en la parte estética del producto (que también es importante), si no de qué forma podemos conseguir que aquello que diseñamos transmita perfectamente la propuesta de valor del producto y la experiencia sea fácil para los usuarios.

14. UI

La expresión UI viene de *User Interface*, que significa interfaz de usuario. La idea del UI es guiar al usuario por tu aplicación durante el tiempo que él la usa. En el momento que una persona entra en tu sitio web, existen algunas acciones específicas que deseas que ellas tomen.

Entonces, un buen trabajo de diseño UI te permitirá guiar a los usuarios por la navegación y los llevará a tomar dichas acciones de manera natural. Si el objetivo es que la persona pida el contacto de un vendedor, todo en la página (contenidos, menús de navegación, CTAs, imágenes, etc.) debe colaborar para que ella sienta esta necesidad.

La UI es la vista o pantalla que permite que un usuario pueda **interactuar** de forma correcta con un producto digital. Cuando diseñamos interfaces tenemos que buscar la funcionalidad y la facilidad de uso. Esto lo conseguimos gracias a la arquitectura de la información, los elementos visuales, los colores y tipografías, los botones, los patrones de interacción o incluso los sonidos de las notificaciones.

15. CX

Customer Experience es la **impresión** que tienen los clientes de tu marca a lo largo de todas las fases que se llevan a cabo durante el ciclo del comprador. El ciclo del comprador se puede resumir con el término **AIDA**, que corresponde con las palabras "atención", "investigación", "decisión" y "acción". Es el proceso para optimizar la experiencia del cliente en todos los puntos de contacto, antes, durante y después de la conversión.

La CX es muy importante, porque los clientes desarrollan sus percepciones de los productos y servicios a través de todos los puntos de contacto y canales que el negocio pone a su disposición. Una buena experiencia del cliente es clave para que un negocio siga creciendo, ya que promueve la lealtad y ayuda a retener a los clientes.

E, incluso, si somos una empresa que vende productos podremos incluir nuestro catálogo con Google Merchant Center o Microsoft Merchant Center de forma gratuita, así los usuarios que están buscando un producto pueden encontrar el nuestro, dependiendo de la competitividad de los precios, información suministrada, etc.

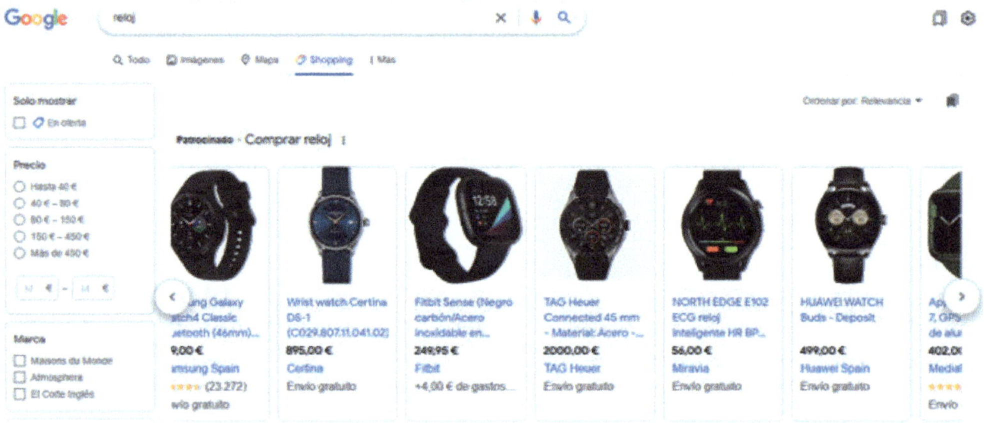

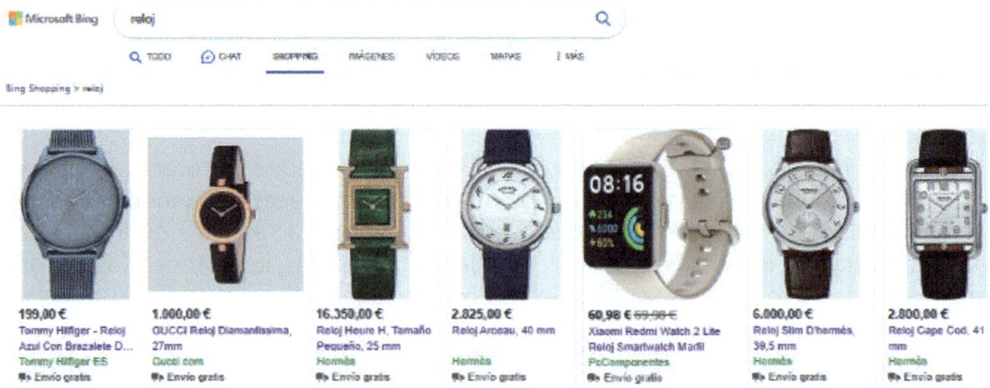

SEO: a través de una mejor estructura de la web y siguiendo unos criterios tecnológicos que los buscadores premian, conseguir que ocupe los mejores puestos en la lista de resultados de una consulta realizada por los usuarios.

Publicidad online: a través de los distintos formatos, se trata de poner anuncios impactantes en webs que atraen a muchos usuarios.

Se han facilitado **estrategias** para atraer navegantes a un sitio web, algo importantísimo en cualquier estrategia de marketing digital bien hecha.

Se han dado, también, algunas nociones más técnicas en cuanto a las **partes** que componen una web y cómo sacarles partido.

UNIDAD DIDÁCTICA 7

Algunos consejos adicionales

Contenido & Objetivos

Introducción

1. **Publicidad online**

2. **Banners**

3. **Alternativas a los banners convencionales**

4. **Cómo se contrata la publicidad online**

Resumen

Los **objetivos** de esta unidad son:

1. Conocer las categorías de la publicidad online.

2. Conocer el tipo de banners que podemos encontrar.

3. Saber cómo contratar publicidad online.

Introducción

Completando la información que estamos viendo hasta ahora sobre la creación y mantenimiento de sitios web, se facilitan en esta unidad una serie de consejos adicionales: como la creación y el tipo de banners, cómo gestionar la publicidad online, etc.

1. Publicidad online

1.1. Introducción

La Red se ha convertido en el medio publicitario más rentable, con facilidad de seguimiento y control y que reporta más referencias a los profesionales y a las empresas que utilizan este medio en comparación con los medios tradicionales.

La publicidad online es una nueva forma de **publicidad en formato digital especialmente promovida en los portales y sitios de Internet**. Existen dos grandes **categorías de publicidad online**.

⇨ Publicidad display gráfica.

⇨ Publicidad de búsqueda.

⇨ Publicidad nativa.

⇨ Publicidad email marketing.

La característica fundamental de la publicidad online es que está presente desde que uno ingresa a la página o correo donde se la publicita.

1.2. Un poco de historia

Cuando la publicidad empezó a llegar a Internet, por 1994, encontró su lugar en los sitios web por medio de grandes banners, con un CTR *(clic through rate o proporción de clics)* de hasta 44% (actualmente el CTR de un banner promedio podría ser de tan solo el 0.06%).

En 1997 hicieron su aparición los pop-ups, que no tardaron en ganar popularidad, y así de rápido la perdieron también. Los años siguientes vieron aparecer las búsquedas pagadas y el pago por clic (PPC).

La segmentación se fue refinando cada vez más y la búsqueda giró en torno a anuncios menos intrusivos. Así apareció la **publicidad nativa y en redes sociales**.

El futuro parece estar en buscar las maneras más creativas de presentar información relevante, altamente segmentada, dirigida a ofrecer a los consumidores contenido de su interés, sin que se sientan invadidos o molestados.

1.3. ¿Qué es la publicidad digital?

a) Si navegando por Internet te encuentras con un anuncio, eso se clasifica dentro de la publicidad digital. Generalmente encontrarás anuncios en cada página de cada sitio web que visites.

b) El término es bastante amplio y dentro de este caben casi todos los esfuerzos de marketing que se ejecutan a nivel digital.

c) Aquí se incluyen los banners, la optimización de motores de búsqueda (SEO), esfuerzos en redes sociales, email marketing, anuncios intersticiales, anuncios en los motores de búsqueda (SEM, *Search Engine Marketing)*, etc. Incluso tiene cabida el spam.

d) La publicidad digital se mueve junto a la expansión de Internet, por ello es que se ha trasladado junto con los usuarios de plataforma en plataforma. Por ejemplo, a medida que los usuarios migran desde un PC hacia los dispositivos móviles, la publicidad digital también lo hace.

e) La publicidad digital abarca diferentes formatos y canales con el común denominador de estar sobre la red Internet. La tenencia generada por el desarrollo de la tecnología que ha masificado el uso de los dispositivos móviles ha disparado este tipo de publicidad, sobre todo porque el uso continuado de canales, como pueden ser las redes sociales, genera gran cantidad de información que permite segmentar con precisión las campañas publicitarias, con una alta cuota de visualización.

1.4. Formatos de publicidad digital

Listar todos los formatos en los que es posible aparecer en Internet sería insufrible. La lista, además de ser extremadamente larga, no podría completarse jamás, porque cada día aparecen nuevos y otros caen en desuso.

Pero en términos generales, estos son algunos de los formatos más comunes en la publicidad digital:

⇨ **Publicidad en buscadores**

Es la creación de campañas publicitarias de anuncios por clic en buscadores como Google o Bing. Es uno de los formatos de publicidad digital más extendidos a la hora de crear anuncios escritos. La clave de su éxito está en que responde de manera real a las necesidades de los usuarios, ya que se basa en las palabras clave que estos buscan (por ejemplo, "alquiler de coches en Madrid centro"):

- Bing Ads.

- Google Ads.

- Yandex Ads.

⇨ **Publicidad en redes sociales**

Los social ads son uno de los formatos de publicidad digital más interesantes, ya que cuentan con millones de usuarios y te permiten segmentar para llegar a tu público objetivo. Usa la publicidad en redes sociales para maximizar tu presencia en estas plataformas aprovechando sus diferentes particularidades y opciones:

- Facebook Ads.

- Instagram Ads.

- Youtube Ads.

- LinkedIn Ads.

- Pinterest Ads.

- TikTok Ads.

- Spotify Ads.

⇨ **Publicidad en dispositivos móviles (móvil, tabletas y *wearables*)**

- SMS: es el envío de mensajes de texto con el fin de vender, fidelizar o informar de alguna novedad, descuento o promoción, etc. Este tipo de mensajes puede enviarse a aquellos suscriptores que hayan dado su número de teléfono y hayan aceptado recibir notificaciones en sus smartphones a través de SMS y pueden utilizarse con diversos fines como comunicar novedades, ofertas y recordatorios o alertas urgentes entre otras muchas opciones.

- WhatsApp marketing: es la estrategia que utiliza WhatsApp como canal de marketing para vender productos, servicios y demás soluciones. Consiste en enviar mensajes individuales y personalizados, utilizando los recursos disponibles en la aplicación enfocada para empresas, WhatsApp Business.

- Telegram: con un canal de Telegram se puede informar a la audiencia de novedades, promociones, nuevos contenidos publicados... Una de las peculiaridades de esta funcionalidad es que se trata de un medio unidireccional. La marca es la que publica la información y no es posible que los receptores interaccionen con ella de ninguna forma. Los canales, entonces, son muy útiles como medio para mantener informados a los clientes de cualquier tema relacionado con la marca. Telegram permite crear grupos de hasta 200.000 usuarios y tener uno o varios administradores que garanticen el uso correcto de este. A diferencia de un canal, este sí es un medio bidireccional, ya que los usuarios pueden participar de forma activa en él publicando, comentando e interactuando entre ellos. Esto significa que es la mejor forma de crear una comunidad interesada en un tema específico y que esté relacionado con los productos o servicios que ofrece la marca.

- Publicidad en TV digital: este tipo de publicidad digital está disponible para aquellos medios conocidos como de transmisión libre u OTT, y que se ven en televisiones inteligentes, por ejemplo, eventos que se comparten en Twitch, Fire TV o IMDb TV.

- Publicidad en vídeos: los vídeos en línea pueden ser out stream, que son los que aparecen en los sitios web o aplicaciones, y los *in stream*, que vemos antes, durante o después de reproducir un contenido audiovisual.

⇨ **Publicidad en audios**

Es el tipo de publicidad que escuchas en las versiones gratuitas de plataformas como Spotify, entre canción y canción, y al iniciar o terminar los capítulos de podcasts.

⇨ **Publicidad en páginas web (display)**

Llamamos display a cualquier elemento visual publicitario que podemos colocar en una web, portal, blog, etc., como el conocido banner, el pop-up y el interstitial. Aunque este formato se ha visto afectado por el crecimiento de los bloqueadores de anuncios, creo que aún tiene mucho que decir. Pero la respuesta no está en intentar saltarse los bloqueadores para invadir al usuario, sino en crear anuncios que realmente merezca la pena ver, para mostrar anuncios personalizados el retargeting aprovecha la información sobre los usuarios recogida a través de cookies para mostrarles anuncios más adecuados a sus últimas acciones. Así lograremos crear una publicidad realmente relevante y oportuna y, por tanto, con más posibilidades de triunfar.

⇨ **Publicidad en modal/pop-up**

Ventana emergente que nos aparece en el navegador. Utilizadas adecuadamente pueden ser de gran ayuda para negocios y tiendas online.

⇨ **Publicidad en banners**

Este tipo de publicidad ha ido evolucionando, especialmente para adaptarse a los usuarios, que la ven ya como algo normal en la página y, a menudo, se pasan por alto. Las marcas saben los beneficios y el potencial que tiene este tipo de publicidad y es por ello que siguen usándolo de manera habitual, al principio realizaban este tipo de publicidad de manera estática (con imágenes), pero a día de hoy se realizan banners interactivos (con animaciones, sonidos o vídeos).

⇨ **Publicidad interstitial**

Un intersticial es un anuncio que se muestra por encima del contenido real de la página y, a menudo, contiene anuncios, pero también puede contener información sobre el uso de cookies u otra información y no desaparece hasta pasado un tiempo o acción del usuario.

⇨ **Publicidad en email**

El formato de publicidad digital del email marketing no es nuevo, pero ha reaparecido con fuerza en los últimos tiempos. Las conversiones con estas campañas en España son de las mejores en Europa. Además, gracias a las herramientas de automatización se pueden conseguir objetivos muy rentables de conversión. Si tienes en cuenta que conseguir un cliente es más de 7 veces más caro que mantener a uno actual, apostar por esta tipología publicitaria es una gran idea.

⇨ **Publicidad signage**

Podríamos decir que es la evolución tecnológica de la publicidad exterior tradicional. Se utilizan vallas, mupis, escaparates, cabinas telefónicas o cualquier otro soporte que integre una pantalla. La eficacia de esta tipología de comunicación promocional reside en la gran capacidad que tiene para llamar la atención del potencial cliente y sorprenderle en los momentos más cotidianos de su vida.

⇨ **Publicidad nativa**

La publicidad digital nativa (o *branded content*) es un formato que busca integrar, de forma orgánica, un anuncio al entorno donde se mostrará para que no interrumpa la experiencia del usuario, ya sea en un sitio web o en redes sociales. La idea es que la pieza no solo busque generar conversiones, sino que aporte valor.

Un ejemplo de eso sería una publicación en una revista o periódico (impreso o en línea) que hable del beneficio del café en la vida de las personas, con datos reales, pero que sea solicitado y pagado por una empresa que produce café. Cabe añadir que, aunque no luzca como publicidad, debe indicar a los usuarios que lo es mediante un disclaimer en el artículo, un hashtag o una leyenda.

2. Banners

Un banner es un **anuncio publicitario en forma de imagen gráfica** que, generalmente, se sitúa a lo largo de una página web, en un margen, u otro espacio reservado para publicidad. Por lo general, la publicidad de banners está en formato *Graphics Interchange Format* (GIF), jpg, png o, últimamente, en webp o avif.

El *Interactive Advertising Bureau* (IAB) ha establecido una serie de formatos estándar, que son los siguientes: Banners y botones, Skyscrapers o rascacielos y Pop-ups o ventanas emergentes.

⇨ **Banners y botones**

Tamaño de formatos publicitarios:

Banners		
Banner Completo	468 x 60 (Píxeles)	
Medio Banner	234 x 60 (Píxeles)	
Banner	120 x 240 (Píxeles)	

Botones		
Botón #1	120 x 90 (Píxeles)	
Botón #2	120 x 60 (Píxeles)	
Botón Cuadrado	125 x 125 (Píxeles)	
Micro Botón	88 x 31 (Píxeles)	

⇨ **Skyscrapers**

Skyscraper (Rascacielos)		
Rascacielos grande	120 x 600 (Píxeles)	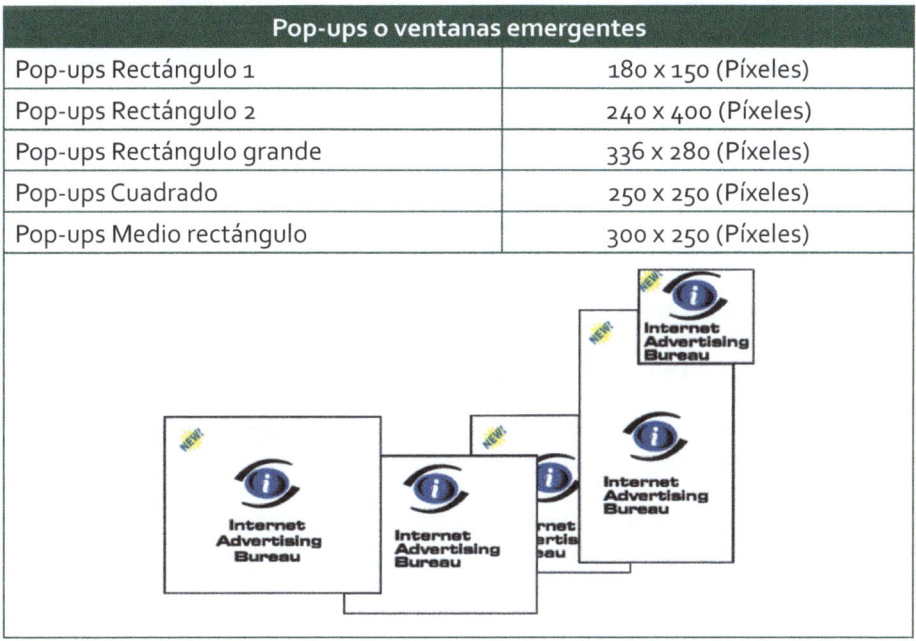
120 Skyscraper	160 x 600 (Píxeles)	
125 Skyscraper	125 x 600 (Píxeles)	

⇨ **Pop-ups**

Formatos de alto impacto:

Pop-ups o ventanas emergentes	
Pop-ups Rectángulo 1	180 x 150 (Píxeles)
Pop-ups Rectángulo 2	240 x 400 (Píxeles)
Pop-ups Rectángulo grande	336 x 280 (Píxeles)
Pop-ups Cuadrado	250 x 250 (Píxeles)
Pop-ups Medio rectángulo	300 x 250 (Píxeles)

3. Alternativas a los banners convencionales

3.1. Nueva publicidad digital

La **publicidad digital es un medio cada vez más extendido entre los negocios**, gracias a su gran influencia y alcance de usuarios. Sin embargo, muchas empresas se quedan en métodos tradicionales como Google Ads, saturando los canales publicitarios más habituales, sin plantearse nuevas técnicas que abarcan campos más amplios de este medio.

Veamos **nuevas técnicas y herramientas que ayudan a potenciar las ventas online a través de medios publicitarios digitales.**

3.2. Remarketing AdRoll

El remarketing más conocido es aquel que viene dado en Google Ads, sin embargo, la herramienta AdRoll va mucho más lejos. Su modo de trabajo es a través de **las cookies, las cuales persiguen al usuario no solo por la navegación web, sino también en las redes sociales como Facebook**. Además, esta herramienta permite hacer llegar a los usuarios determinados banners en los envíos de emailing que realices a tu base de datos.

Existen cinco formas de retargeting con AdRoll:

1. Retargeting en la web.

2. Retargeting en Facebook.

3. Retargeting en Mobile.

4. Retargeting en CRM.

Dependiendo de donde se configure la campaña, las dimensiones y requisitos de los banners cambiarán.

Facebook es la principal plataforma donde se realiza este tipo de técnicas, siendo bastante efectiva para los e-commerce, ya que impacta a los usuarios de Facebook que previamente han visitado tu web.

Hay dos tipos de remarketing en Facebook: **anuncios en el lateral del timeline** (a la izquierda) y los **anuncios que aparecen en el Newfeed**, sección de noticias (a la derecha).

⇨ **Resumen de cuenta**: resuelve las cuestiones más generales, con su contenido detallado de conversiones que aportan información exhaustiva sobre cómo, cuándo y dónde se producen las conversiones llegadas del remarketing de AdRoll.

⇨ **Todas las campañas**: permite comparar el rendimiento de todas las campañas.

⇨ **Datos de visitantes**: con este informe podemos comparar el comportamiento de los usuarios en todos los segmentos a los que se orienta activamente.

⇨ **Campaña individua**l: evalúa en profundidad una campaña. Con este informe podemos comparar las métricas entre distintos grupos de anuncios o evaluar los anuncios de manera individual.

⇨ **Grupo anuncios individual**: te ayuda a evaluar el rendimiento de un grupo de anuncios de tu campaña.

3.3. Publicidad de display en Gmail

Gmail no se queda atrás en los anuncios digitales, creando un formato único para sí mismo. El más conocido y visto por casi todos es aquel que aparece en nuestra bandeja de entrada como un email destacado:

☆	jobandtalent	**Trabajo en Barcelona hoy**
	Anuncio ⓘ	Accede a más de 4000 trabajos nuevos cada día en Barcelona.
☆	100 100TB	**On-demand Virtual Servers**
	Anuncio ⓘ	Incredibly Fast & RAID 10 Configured. Discover SSD Performance From 100TB Servers. From $5/mo.

Al desplegarse, aparece más información en forma de imagen o vídeo. Este nuevo método llamado **Gmail Sponsored Promotions** es gestionado desde Ads con la modalidad de pago CPC.

Aparte de las definiciones típicas de público objetivo, este medio dispone de:

⇨ *Keywords:* elección de las keywords con mayor volumen de conversión en Ads, pudiendo hacer tantas campañas como quieres para diferenciar grupos de keywords.

⇨ **Intereses**: llega a aquellos usuarios que reciben contenidos relacionados con los temas seleccionados.

⇨ **Compradores**: selecciona a usuarios que ya han comprado anteriormente, ya que estos tienen mayor probabilidad de comprar de nuevo. Además, se puede segmentar según el tipo de compra realizada.

⇨ **Dominios**: esta definición nos permitirá elegir a usuarios que reciben emails de nuestros competidores, convirtiéndolos en relevantes para nuestro negocio.

⇨ **Profesión**: según las firmas de emails podrán llegar los anuncios a usuarios con determinados puestos y sectores.

3.4. Amazon Sponsored Product vs. Amazon Products Ads

Amazon es una plataforma con un gran excedente de competencia, pero por suerte, ella misma **ha ido creando diversas formas de publicidad para que los vendedores puedan diferenciarse con mayor facilidad**.

Amazon Sponsored Product es un método de publicidad digital de Amazon que permite la aparición de resultados en la página de productos vendidos que conducen a los compradores.

Este método aporta clics de mayor calidad, un retorno de la inversión mayor que la de otros programas de PPC y una orientación automática de anuncios a resultados de búsqueda relevantes.

Amazon Product Ads es una técnica que funciona de forma similar al buscador de Google, ya que el posicionamiento de sus anuncios sigue un algoritmo determinado propio de Amazon y cada anuncio dirige al usuario al sitio web o e-commerce del minorista.

Este otro método de publicidad digital de Amazon te permite redireccionar el anuncio a tu propia web, controlando el *branding* y la experiencia de compra dentro de tu sitio. Además, de tener mayor probabilidad de aumentar tu lista de subscriptores y realizar una descripción más detallada con uso de *keywords*.

Text Ads: un anuncio a base de texto que funciona en base a subasta de palabras con una estructura de campañas y grupos de anuncios. El texto debe incluir:

⇨ Titular.

⇨ Línea de copia de cuerpo.

⇨ Una URL visible.

⇨ Límites de caracteres similares.

3.5. Instagram ADS

¿Conoces Facebook Ads? Pues ya tienes la mitad del trabajo hecho para crear anuncios para Instagram. Gracias a la integración de ambas redes sociales se **pueden aprovechar todas las opciones de segmentación de Facebook para crear campañas en Instagram**.

Anuncios de Facebook y de Instagram combinados

Ahora puedes crear anuncios de Instagram en Power Editor.

Nuevas formas de llegar a tus clientes

Conéctate con la gente en una de las plataformas para celulares más populares del mundo.

Resultados publicitarios reales

Anima a las personas a realizar las interacciones que te interesan en tus anuncios, ya sea reproducir un video o instalar la aplicación para celulares.

Fácil y simple

Crea y administra tus anuncios de Instagram y de Facebook en Power Editor.

Este método de publicidad online tiene 3 claros objetivos:

1. **Clics en el sitio web**: Instagram abre una nueva ventaja a su plataforma, la posibilidad de dirigir a los usuarios al sitio web de los anuncios.

2. **Instalaciones de aplicaciones móviles**: otro modo de conseguir acciones del usuario fuera de la red social.

3. **Reproducciones de vídeo**: donde mejor que anunciar vídeos promocionales que un medio social tan visual como Instagram.

3.6. Facebook Leads ADS

Desde aquí se pueden **crear anuncios cuyo objetivo principal sea la captación de** *leads* a través de *call to action* en la propia campaña.

La gran ventaja de este nuevo formato de anuncio de Facebook es la **reducción de tiempo y proceso de solicitud de información para el usuario**, evitando un mayor escape en el embudo de conversión y, dando a la empresa una landing donde buscar conversiones. Es un gran ahorro en tiempo y costes también para el negocio.

3.7. Outbrain

Outbrain es una herramienta cuyo objetivo principal es la **recomendación de contenidos a los usuarios que visitan tu web y, de la misma forma, recomienda tus contenidos a webs o blogs con soportes alineados**, para que los usuarios que las visiten tengan una mejor experiencia.

Los contenidos sugeridos se muestran al final del post o artículo con foto y titular personalizable.

También ofrece la opción de promocionar tus contenidos en determinadas webs, potenciando más tu estrategia de marketing de contenidos.

Otro punto relevante es que sirve para formatos de texto y también de vídeo.

3.8. Real Time Bidding (RTB)

Hablamos de RTB, venta programática, cuando nos referimos a un sistema online de pujas en tiempo real para cada una de las impresiones de un anuncio en un espacio publicitario de una página web sobre una base de datos canalizada mediante big data, donde millones de datos se relacionan en milésimas de segundo para ajustar la oferta y la demanda, según la información que está en la red.

4. Cómo se contrata la publicidad online

⇨ **Objetivo y tipo de la campaña**

Para generar una campaña, antes debemos definir bien qué queremos conseguir, como, por ejemplo, conseguir tráfico hacia nuestra web, promocionar una app, ventas, etc. Así como también el tipo de la campaña, dónde quieres mostrar tu anuncio, en vídeos, en productos relacionados, en búsquedas, etc.

⇨ **Escoger soportes y formatos**

Debe hacerse en función del público objetivo. Insertar un anuncio en un medio generalista como El País o El Mundo no es mucho más caro que hacerlo en otras webs más pequeñas. Los precios empiezan a aumentar cuanto más segmentado está el público. Y por tipología de producto y su tamaño. Hay una gran diferencia entre un banner, un robapáginas, un insterstitial o un vídeo. Este último vale tres veces más que un banner. Si además es un vídeo de cocina y lo colocas en una web de esa temática, vale más que otros lugares más generalistas, pero también es más eficaz porque es ahí donde está tu público.

Otra clave importante. Si se contrata una campaña de un millón de impresiones y se va a un generalista, se van a consumir en poco tiempo. Igual en tres horas está agotada. Es difícil poderla rentabilizar así. En cambio, en un portal con un público más segmentado, donde hay muchísima menos gente, pero más cualificada para el producto, puede durar hasta un mes.

⇨ **La posición en página**

Son mucho más eficaces los banners que aparecen en la parte superior de una página y en el lateral derecho, que en las demás ubicaciones porque son los más visibles. En general, las redes publicitarias trabajan siempre con estas posiciones, pero si se contrata la publicidad directamente con el soporte, es algo que debe tenerse muy en cuenta.

Lo mejor es buscar siempre el lugar más visible. Lo ideal sería poderse situar en el propio logo de la web, como hizo Vodafone anunciando su marca en la famosa bola del mundo que forma parte del logo del periódico El Mundo.

⇨ **Franjas horarias**

Escoger las horas en las que aparecerá la publicidad puede ser también importante para productos que se consumen en determinadas franjas horarias (como la restauración) o en fines de semana (ocio). Si se paga por CPM y las impresiones solo aparecen en los momentos de mayor pico de audiencia buscando ese tipo de oferta, la eficacia de la campaña será mucho mayor.

⇨ **¿Cómo se cuentan las impresiones?**

A la hora de negociar, es clave dejar bien claro cómo se contabilizan las impresiones por las que se paga. No será igual de eficaz pagar por mil impresiones que van a ver mil personas que por la misma cantidad de impresiones si se repiten continuamente entre unos pocos usuarios. Aquí la clave está en la forma de discriminar las IP. Lo ideal es que cuando una misma IP ya haya recibido un anuncio dos o tres veces en el mismo día, ya no lo reciba más, porque ya no le hará caso y el usuario puede terminar enfadándose de ver continuamente la misma publicidad. Las redes publicitarias tienen esto en cuenta y lo evitan en todas las webs de su red. Es decir, si un mismo usuario cambia de página y navega por otras que pertenecen a la red, solo verá el anuncio dos o tres veces.

⇨ **Formas de pago**

Existen muchas:

- CPM (coste por mil).

- CPC (coste por clic).

- CPL (coste por contacto, para crear una base de datos).

- CPA (coste por acción, sea un clic, un registro o una venta).

- Por el tiempo de permanencia del anuncio en la web...

El CPC encaja mejor en los anunciantes que buscan un retorno de la inversión seguro. Solo se paga por resultados concretos. Con el CPM no se puede cuantificar igual.

Además, los grandes medios no suelen aceptar tarifas de CPC o CPA, porque buscan garantizarse una inversión mínima por sus soportes. Como mucho, pueden aceptar un pago mixto; se establece una tarifa mínima y después se negocia un precio en base a resultados. En principio, lo ideal es pagar por resultados, pero al final para iguales resultados se va a pagar prácticamente lo mismo, porque el CPC se suele hacer en base al CPM. Calculamos cuántas impresiones necesita un cliente para cada clic.

La Red se ha convertido en el medio publicitario más rentable. La publicidad online es una nueva forma de publicidad en formato digital especialmente promovida en los portales y sitios de Internet. Existen dos grandes categorías de publicidad online.

Un banner es un anuncio publicitario en forma de imagen gráfica que generalmente se sitúa a lo largo de una página web, en un margen, u otro espacio reservado para publicidad. Existen múltiples formatos de banner para utilizar que hemos ido viendo a lo largo del curso.

En el mercado nos encontramos con diversos modelos de compra de publicidad online, como los siguientes: CPC (coste por clic), CPL (coste por lead o cliente potencial), CPM (coste por mil), CPO (coste por pedido), CPS (coste por venta), CPA (coste por adquisición), RS (reparto de beneficios), CPI (coste por instalación) y CPTM (coste por mil impresiones objetivos).

UNIDAD DIDÁCTICA 8

*Algunos conceptos relacionados
con la publicidad online*

Contenido & Objetivos

Los **objetivos** de esta unidad son:

1. Ver las formas de contratación de publicidad online disponibles.

2. Conocer qué es el email marketing.

3. Ver las ventajas de la publicidad online para poder beneficiarnos de ellas.

Introducción

Para completar el contenido que estamos estudiando hay que hacer hincapié en las formas de publicidad online y ver qué ventajas tiene este tipo de publicidad en nuestros negocios, hoy en día es primordial contar con ella porque si no nuestros productos se quedarán atrás.

1. Formas de contratación de publicidad online

Seguro que has cerrado cientos de anuncios pop-up en tu vida. Dentro de la publicidad online, el pop-up es la forma publicitaria más incómoda. Sobre todo, si no se trabaja adecuadamente. Se trata de una **ventana emergente** que aparece al abrir un sitio web.

> **EJ**
>
> Freshly es una de las marcas españolas que más optan por emplear pop-ups, una técnica descartada por muchas marcas por lo molesta que resulta. No es agradable encontrarse con publicidad que emerge de golpe y que no se ha elegido. En este caso, el tipo de pop-up solicita el email para ofrecer un código de descuento en la compra. Se trata de una manera sencilla de hacer base de datos y lanzar después tus productos de forma menos invasiva.

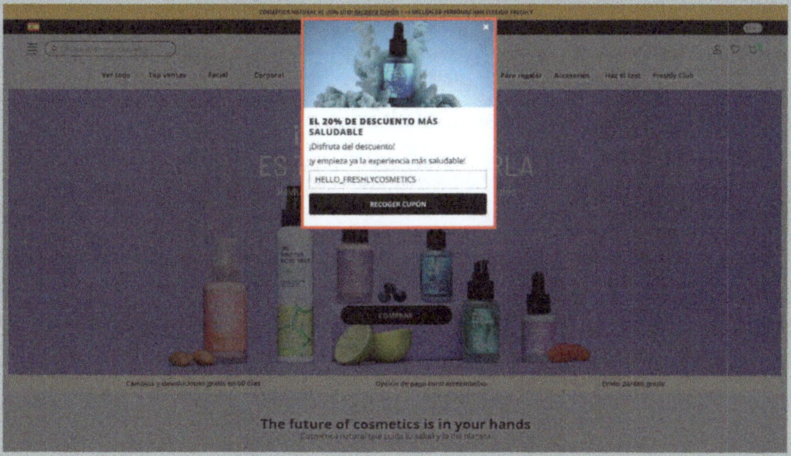

Aunque parece que se ha estancado, la **publicidad en blogs** sigue siendo una parte importante de la publicidad en Internet. Se trata de uno de los tipos de publicidad online indirectos. De hecho, la mayoría de la publicidad en blogs se hace mediante la técnica del *storytelling*, maquillándolo detrás de una experiencia, una reflexión, etc.

El *storytelling* en los blogs es un **enfoque de escritura que utiliza técnicas narrativas** para crear una historia o una experiencia en torno a un producto, servicio, idea o marca. En lugar de simplemente presentar información de manera seca y objetiva, el *storytelling* en los blogs trata de involucrar al lector y crear un vínculo emocional con ellos a través de una historia o un relato atractivo. Esta técnica se utiliza para hacer que el contenido sea más interesante y memorable, lo que puede ayudar a mejorar la *engagement* y la conversión. Estos espacios digitales se han vuelto los más de moda en el mercado, por lo que no es de extrañar que marcas y personajes populares aprovechen su potencial para transmitir sus mensajes o promocionar sus productos.

También, existe la forma de anunciarse mediante contenido patrocinado, ya que muchos blogueros deciden promocionar aquellos productos que las empresas les ofrecen para anunciar.

El método de publicidad **varía** entre blogs. Algunos de los blogs aprovechan el potencial de otros elementos como las infografías y los vídeos para transmitir el mensaje. Se trata de hacer más amena la lectura de los elementos y que el emplazamiento del producto de sus frutos.

La **publicidad en móviles** es una forma de publicidad que se entrega a través de dispositivos móviles, como *smartphones* y tabletas. Incluye diferentes formatos publicitarios, como anuncios en aplicaciones, banners, en sitios web móviles, anuncios de vídeo en línea y SMS. La publicidad en móviles se ha vuelto muy popular debido a la creciente penetración de los *smartphones* y la cantidad de tiempo que los consumidores pasan en sus dispositivos móviles. Esta forma de publicidad permite a las marcas llegar a su audiencia en el momento y en el lugar adecuados, lo que puede mejorar la efectividad de las campañas publicitarias.

Cada vez son más las empresas que optan por adaptar sus anuncios al medio que mayor crecimiento está experimentando.

Hasta ahora la mayoría de los anuncios en dispositivos móviles eran simples adaptaciones de los anuncios en ordenadores, pero cada vez son más los que crean anuncios pensados para ser vistos en una pantalla más pequeña, que resulten menos molestos que un anuncio normal o un pop-up.

La publicidad en móviles incluye la publicidad y las promociones recibidas en SMS.

La **publicidad móvil puede utilizar canales diferentes**. Si exceptuamos las opciones más evidentes de publicidad en el navegador móvil y el gran número disponible de aplicaciones, a este respecto también es relevante la comunicación directa por mensajería instantánea o a través de los clásicos mensajes de texto. Mediante el uso de aplicaciones de vídeo o televisión es posible publicar contenido publicitario multimedia. En definitiva, los canales de comunicación utilizados en el marketing móvil se resumen en:

1. Internet móvil.

2. Aplicaciones móviles.

3. Mensajería móvil.

4. Vídeo y TV móvil.

5. Mensajería clásica (SMS/MMS).

A medida que el número de **redes sociales** va en aumento, y el número de usuarios se incrementa, son más las empresas que optan por insertar su publicidad en estas plataformas.

La mayoría de las redes sociales ofrecen promocionar los mensajes o contenidos que las propias compañías, o usuarios individuales, suben a ella. Así, es posible promocionar un post en Facebook, un post en X o una instantánea en Instagram.

Los mensajes promocionados llegan a más público, se posicionan más alto y tienen más opciones de conseguir un resultado exitoso.

Facebook es la red social que más publicidad online aglutina. Sus diversas y múltiples formas de hacer publicidad permiten que las marcas opten por ella como principal plataforma para la publicidad.

Marcas como Adidas, Yelmo Cines o HBO hacen publicidad en esta red social constantemente. En los tres anuncios podemos ver cómo el texto no es muy denso, se puede leer rápido y casi de un vistazo. Además, el objetivo de cada una de las marcas se ve perfectamente, ¿verdad?:

../..

../..

1. En el caso de Adidas, comprar su modelo de zapatillas Superstar y lo hacen con un carrusel donde muestran distintos colores del mismo modelo.

2. En el caso de Yelmo Cines, comprar por anticipado la entrada para el estreno de la película Aladdín.

3. Y, por último, en el caso de HBO, buscar nuevas suscripciones a través de los posibles fans de la serie Vikingos. Mostrando una colección de fotos de las distintas temporadas como incentivo a lo que se perderán si no se suscriben.

Existe una variante de publicidad que aparece en el lado derecho de la pantalla y que resume varios anuncios en base a los intereses y temáticas de los clientes. Esto muestra un par de anuncios con una foto, un titular, un enlace a la marca promocionada y un pequeño texto. Algo rápido, visual y llamativo que contrasta con el hacer general de Facebook.

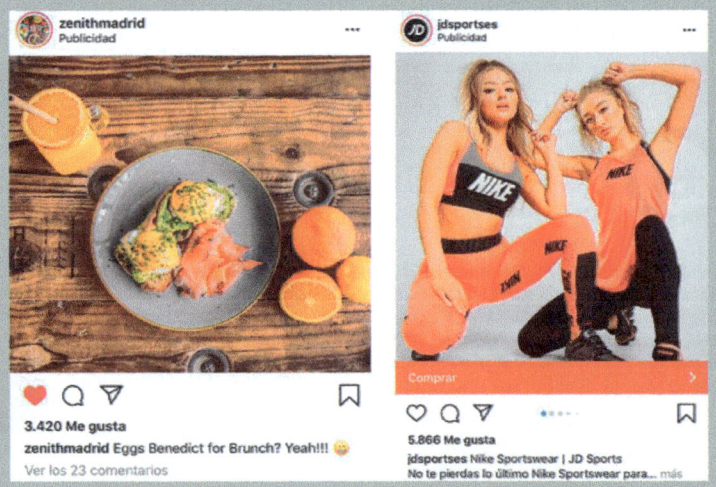

1. Instagram cuenta con más de 1.200 millones de usuarios activos al mes, muchos de los cuales suben publicaciones a Stories todos los días.

2. Las impresiones de los Stories cada vez alcanzan mayores valores y cada vez son visitadas antes que las fotos del muro.

../..

../..

3. La tasa de *engagement* ha alcanzado un valor importante con una tasa media de 4,7%.

También, es posible hacer publicidad con vídeos. Se incluyen los anuncios insertados en vídeos de YouTube, Dailymotion, Vimeo o Twitch, que se pueden evitar por el usuario pero que saltan antes de comenzar a reproducir el vídeo o durante las reproducciones. Esta publicidad, también, incluye banners. Los vídeos logran mayor atención de los visitantes que un anuncio corriente.

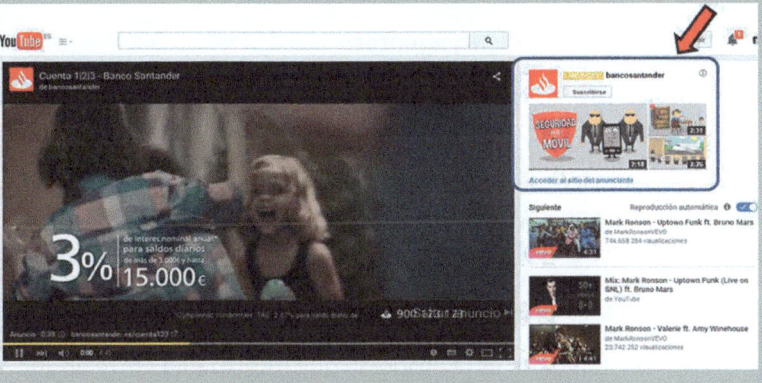

2. Programas de afiliación

Son las **agencias de publicidad especializadas en el medio online**. Entre sus funciones destacan:

⇨ El asesoramiento en marketing digital.

⇨ El asesoramiento en comunicación.

⇨ La creación y producción de los elementos técnicos de difusión.

⇨ La planificación de medios (negociación, compra y control de espacios publicitarios).

⇨ El control de la evolución de la campaña.

Todos los **medios de comunicación** importantes (televisiones, radios y periódicos) tienen una gran actividad en Internet. Sus webs son de las más vistas y por ello las campañas publicitarias que se realizan en sus portales aseguran una visibilidad grande de la campaña publicitaria.

Algunos blogs y portales tienen tal cantidad de visitas que se pueden comportar a nivel publicitario de la misma forma (en ellos aparecen a menudo anuncios Google, banners, botones y logos, que llevan a la página en promoción).

El **marketing de afiliación** es una estrategia de marketing online basada en que un anunciante distribuye publicidad online a través de una red de afiliados con el objetivo de optimizar costes. Actualmente es una de las vías más utilizadas para promocionar negocios.

En el proceso intervienen 3 agentes:

1. **Anunciante**: es la empresa que quiere promocionarse en plataformas de afiliación a través, por ejemplo, de banners previo acuerdo de resultados por clic, lead (cliente potencial) y/o venta.

2. **Soporte**: son webs que se inscriben en un programa de filiación ofreciendo su sitio para poner publicidad y desviar tráfico desde su web a la de los anunciantes. Pueden ser cualquier web, un foro, una comunidad de usuarios, un diario digital, etc. Siempre bajo acuerdo de pago.

3. **Red de afiliación**: es la empresa que intermedia entre anunciantes y soportes a cambio de una comisión y permite a los soportes encontrar campañas publicitarias y a los anunciantes alcanzar a su público objetivo.

Todo el proceso se concentra en una plataforma de afiliación que registra las acciones (compra del producto, cumplimentación de un cuestionario, etc.) a través de un *tracking* (instalación de cookies en el equipo del internauta).

El **marketing de afiliados** es una fórmula de publicidad online muy beneficiosa tanto para las empresas como para los afiliados porque:

⇨ No es necesaria una gran inversión inicial por ninguna de las partes.

⇨ Aumenta el tráfico hacia la web del vendedor.

⇨ Ampliación del alcance de la audiencia: al trabajar con afiliados, las empresas pueden llegar a nuevos segmentos de mercado y ampliar su alcance de audiencia.

⇨ Monitorización y análisis de datos: el marketing de afiliación ofrece una amplia variedad de herramientas y tecnologías para monitorear y analizar los resultados de las campañas y tomar decisiones informadas sobre cómo optimizarlas.

⇨ Flexibilidad: el marketing de afiliación es altamente flexible y permite a las empresas adaptar y personalizar sus estrategias de acuerdo con sus objetivos y necesidades específicas.

⇨ Fuente adicional de ingresos: el marketing de afiliación puede generar una fuente adicional de ingresos para las empresas, sin requerir una gran cantidad de tiempo o recursos.

⇨ Mejora de la confianza en la marca: al trabajar con afiliados que tienen una relación estrecha con su audiencia, las empresas pueden mejorar la confianza y la percepción positiva de su marca.

⇨ Ofrece la posibilidad de monetizar las webs, blogs y redes sociales de los afiliados.

⇨ Al no ser percibido como publicidad, genera un gran impacto en el público.

En el marketing de afiliación, existen varios modelos de pago que se ajustan a los objetivos específicos que tenga el vendedor. Por ejemplo, en algunos momentos el objetivo principal puede ser dar a conocer el lanzamiento de un nuevo producto, mientras que, en otras ocasiones, el objetivo puede ser recopilar contactos o generar ventas directas. Es importante elegir el modelo de pago adecuado en función de los objetivos a largo plazo del vendedor.

Según la opción elegida se aplicará un tipo de marketing de afiliados u otro. A continuación, te dejamos algunos ejemplos de los más conocidos:

⇨ **Coste por clic (CPC)**: en este tipo de programas, el afiliado cobra por cada usuario que haga clic en cualquier publicidad que se muestre en su web, en su blog o en sus redes sociales, ya sea en forma de enlace o de banner. Los afiliados suelen ser bastante reacios a utilizar este formato porque su remuneración dependerá del desempeño de la campaña por parte del anunciante.

⇨ **Coste por acción (CPA)**: en este caso, el afiliado recibe un pago por cada usuario que, además de hacer clic en la publicidad, realice algún tipo de interacción en la página web del vendedor como, por ejemplo, realizar un registro, solicitar presupuesto o descargar la versión de prueba de un producto.

⇨ **Coste por venta (CPV)**: en este modelo, el afiliado recibe una comisión por cada visita que termina en venta. Este es el tipo de marketing de afiliación más extendido porque se trata de la opción más rentable para las empresas.

⇨ **Coste por mil impresiones (CPM)**: aquí el afiliado cobra un importe estipulado por cada mil impresiones de un banner publicitario que la empresa aloja en su web o blog.

En la actualidad Yahoo! y Google (con sus sistemas de publicidad en línea: AdSense y Ads) ya poseen un sistema sólido en cuanto a publicidad en Internet, en el que la página web se coloca en los buscadores de la web portal, en los sitios adecuados al tema del producto a promocionar, y por cada clic del usuario se especifica el ingreso del costo en publicidad (SEM).

Como segundo sistema tienen los anuncios de textos (publicidad contextual), que consisten en un pequeño recuadro, con un título del producto o empresa, un texto corto de descripción, y la dirección web con enlace a la página, que puede aparecer tanto en las barras laterales, como en la superior e inferior de la web.

Por otra parte, aparecer en los primeros resultados de búsqueda natural de estos buscadores (SEO) para aquellas palabras claves que buscan los usuarios es una ventaja competitiva fundamental a la hora de vender nuestros productos o servicios.

Ya hemos hablado de la importancia de hacer campañas de email marketing o mobile marketing, accesibles para todos.

Los **observadores** son empresas dedicadas al estudio de la dinámica de Internet, tendencias en el uso de la red, en el crecimiento del mercado publicitario online, etc.

Sus estudios son utilizados por cualquiera de los agentes anteriores que se basan en los mismos para sus acciones empresariales.

Los **proveedores de tecnología** son importantes puesto que un cambio tecnológico radical puede variar la forma de acceder o utilizar Internet por parte de los usuarios y por tanto influir en la publicidad online.

Por ejemplo, desde que Steve Jobs decidió que Apple boicoteara la tecnología flash argumentando la necesidad de promover el estándar abierto (intereses sobre patentes y licencias aparte) se ha venido anunciando la defunción de dicha tecnología a la que gradualmente están dejando ya de lado Facebook, Mozilla, Chrome y YouTube entre otros, alegando razones de vulnerabilidad.

3. Email marketing

 El email marketing es una forma de marketing directo que utiliza el **correo electrónico** como canal para promocionar productos, servicios o mensajes de marca a una audiencia específica. Se basa en enviar correos electrónicos a una lista de suscriptores previamente consentidos que han expresado su interés en recibir información de la marca. El objetivo principal del email marketing es generar leads, mejorar la lealtad de los clientes y aumentar las ventas. Algunas de las técnicas comunes utilizadas en el email marketing incluyen el correo masivo, las campañas de automatización y los correos personalizados.

Se trata de la forma de publicidad que más fácilmente puede evitar el usuario. Dentro de la publicidad online, los anuncios enviados al correo electrónico pueden desaparecer en el buzón de correo no deseado, perderse o que el propio usuario decida borrar el mensaje sin siquiera abrirlo.

Esto ha obligado muchas empresas a perfeccionar la técnica y a dejar de enviar anuncios, camuflando sus promociones y anuncios dentro de mensajes cotidianos y amables que el usuario no querrá eliminar.

PcComponentes es una megatienda online de las que mejor conoce el potencial de un buen email para vender sus productos. Siempre aprovechan los días señalados (como el black friday) para lanzar sus productos. Esto hace que los clientes identifiquen los días de consumo automáticamente con la marca, por lo que el nivel de atención e interés ya es mayor.

Pero, por otro lado, también aprovechan el mismo mensaje para lanzar lo que se conoce como publicidad personalizada. Entre las ofertas destacadas lanzan una selección de productos que pueden ser del interés del comprador. Esto se hace mediante seguimiento del cliente, según los productos comprados con anterioridad y aquellos sobre los que ha mostrado interés. Se ha demostrado como una de las formas de atracción del cliente más efectivas.

4. Ventajas de la publicidad online

Son ventajas de la publicidad online:

1. Alta capacidad de segmentación.

2. Control de los costes.

3. Medición del éxito.

4. Administración de campañas.

5. Su gran efectividad debido al auge de Internet y de las redes sociales.

6. Muchas más efectividad.

5. Estrategias offline

⇨ **Utilizar la publicidad tradicional**: no dejan de ser efectivos los medios publicitarios tradicionales, como la televisión, la prensa impresa, la radio, etc. A través de estos medios, se lanzan mensajes que llegan a un gran público también. Cuando se use esta publicidad, también han de tenerse en cuenta otros factores, como las franjas horarias donde anunciares, el público al que nos queremos dirigir, el tipo de anuncio...

⇨ **Utilizar eventos importantes para publicitarnos**: conciertos, eventos deportivos, festivales... Son espacios que pueden ayudar a mostrar nuestra publicidad y conseguir seguidores.

⇨ **Ayudarse del marketing directo**: siendo creativos, podemos hacer que este tipo de marketing, unido al marketing en redes, Internet, etc., ayude a que se conozcan nuestros productos.

⇨ **Publicidad impresa**: periódicos, revistas, folletos, etc., también son elementos del marketing que debemos practicar.

 Lo ideal es combinar técnicas de marketing online con las de marketing offline, así conseguiremos un mensaje más completo y llegaremos a más personas.

Lo primordial es comprender qué es la publicidad online y cómo emplearla.

Es importante, además, conocer en qué consisten los programas de afiliación: método para que comerciantes, empresarios y/o vendedores, pongan sus productos o servicios disponibles en Internet y así permitir a la gente acceder a ellos desde el ordenador de su casa u oficina.

Se ha visto también la importancia del email marketing para dar a conocer nuestra oferta y para: atraer visitas, convertir visitas en clientes y fidelizar clientes.

Para concluir se han explicado las ventajas de la publicidad online para comprender así su uso y poder utilizarla de la mejor manera posible.

TEST DE UNIDADES DIDÁCTICAS

ENUNCIADOS

Unidad 1

1. **"Ser digital" es tener presencia en Internet:**

    a) Verdadero.
    b) Falso.

2. **Entonces debe ser "aprovechar los medios digitales":**

    a) Verdadero.
    b) Falso.

3. **El nuevo marketing se basa en establecer relaciones a largo plazo:**

    a) Verdadero.
    b) Falso.

4. **El ROI es:**

    a) Una empresa de ventanas de madera y mobiliario de cocina.
    b) Un instituto de investigación.
    c) Una empresa de consultoría de Recursos Humanos.
    d) El Retorno de la Inversión.

5. **¿Cuál de las siguientes es la 5ª P que se añade a las variables del marketing mix tradicional en el marketing online?:**

    a) Producto.
    b) Comunicación.
    c) Socios.
    d) Población.

Unidad 2

1. **Señala la respuesta correcta acerca de las características que debe cumplir un plan de marketing:**

    a) Es un documento escrito.
    b) Tiene un contenido sistematizado y estructurado.
    c) Define claramente los campos de responsabilidad y los procedimientos de control.
    d) Todas son correctas.

2. **¿La web debe ser responsve?:**

    a) Sí, debe serlo y adaptarse a todos los dispositivos.
    b) No, es decisión de la empresa, no es obligatorio.
    c) Sí, pero se deben elegir los dispositivos a los que adaptarse.
    d) Ninguna es correcta.

3. **Señala la respuesta incorrecta sobre el análisis DAFO:**

    a) Una vez realizado el análisis interno habrán salido a la luz las oportunidades y amenazas que genera el entorno.
    b) Una vez realizado el análisis interno habrán salido a la luz las fortalezas y las debilidades de la empresa.
    c) La idea clave de este proceso es conocer cuáles son las fortalezas a potenciar y las debilidades que deben mejorarse.
    d) Para que el análisis sea efectivo, debe limitarse a un número reducido de los elementos más importantes.

4. **Debemos estudiar el posicionamiento actual de la web y comprobar si internamente está optimizada para las palabras clave que deseamos:**

    a) Verdadero.
    b) Falso.

5. **¿Cuál no es un tipo de control de los definidos por Kotler?:**

    a) Control del plan anual.
    b) Control de calidad.
    c) Control de eficiencia.
    d) Control estratégico.

Unidad 3

1. **¿Cuál no es una variable independiente?:**

   a) Demanda.
   b) Competencia.
   c) Producto.
   d) Tendencia.

2. **¿Cuál no es un tipo de riesgo en la compra?:**

   a) Riesgo personal.
   b) Riesgo potencial.
   c) Riesgo social.
   d) Riesgo económico.

3. **El riesgo social hace referencia a la adquisición de bienes sin tener en cuenta a terceras personas:**

   a) Verdadero.
   b) Falso.

4. **En las decisiones de compra se observan diversos componentes como variables moderadoras o que modulan el proceso:**

   a) Verdadero.
   b) Falso.

5. **¿Cuál no es una parte del proceso de decisión de compra?:**

   a) El consumidor toma conciencia de la necesidad de compra.
   b) Investigación de mercados.
   c) La consideración de esa compra.
   d) La decisión de compra.

Unidad 4

1. **La parte de la empresa que es visible para el cliente es:**

    a) El front-office.
    b) El back-office.
    c) El escaparate.
    d) El mall electrónico.

2. **El nombre que se elija como dominio debe ser:**

    a) Largo.
    b) Con guiones.
    c) Genérico.
    d) Alfanumérico.

3. **Son recomendaciones para hacer un buen mapa del sitio:**

    a) Poner muchas secciones: cuantas más mejor.
    b) Que el usuario tenga que hacer clic al menos 5 veces para encontrar lo que busca.
    c) Que el usuario tenga que hacer clic menos de 5 veces para encontrar lo que busca.
    d) Ninguna es correcta.

4. **¿Cuáles son las dos opciones para crear una tienda online?**

    a) Solo puede gestionarse por un proveedor tecnológico externo.
    b) Desarrollo propio o proveedor tecnológico externo.
    c) Solo puede gestionarse por desarrollo propio.
    d) Ninguna es correcta.

5. **¿Cuál no es una fase de construcción de un sitio web?**

    a) Planificación.
    b) Mantenimiento.
    c) Diseño gráfico.
    d) Todas son correctas.

Unidad 5

1. **¿Cuál es una característica de la consistencia?:**

a) Dar la misma apariencia a todas las páginas del site.
b) Personalizar solo aquellos aspectos que se quieran resaltar.
c) Aplicar la accesibilidad a la web.
d) Ninguna es correcta.

2. **¿Qué es la fase beta de una web?:**

a) Se trata de la web en fase de prueba.
b) Se trata de la web que se tiene como segunda opción, por si la primera no funciona.
c) Se trata de la fase en la que se introducen los contenidos en la web.
d) Ninguna es correcta.

3. **¿Qué herramienta controla la apariencia de la web?:**

a) Los recursos en flash.
b) Las CSS u hojas de estilo.
c) Los enlaces empleados.
d) Ninguna es correcta.

4. **Algunas recomendaciones para la generación del mapa del sitio son:**

a) Secciones.
b) Niveles.
c) Contenidos relacionados.
d) Todas son correctas.

5. **La rentabilidad se mide por la ratio: tasa de conversión:**

a) Verdadero.
b) Falso.

Unidad 6

1. **¿A qué se llama marketing de buscadores?:**

    a) Banner.
    b) SEO.
    c) SEM.
    d) PageRank.

2. **¿Cuál es la relación correcta?:**

    a) SEM = SEO + marketing de buscadores.
    b) SEO = SEM + marketing online.
    c) SEO = SEM + marketing de buscadores.
    d) SEM = SEO + blogs.

3. **En relación a los motores de búsqueda, ¿cuál de las siguientes afirmaciones es falsa?:**

    a) Los usuarios otorgan credibilidad a los buscadores.
    b) Los resultados que ofrecen los buscadores se perciben como pagados.
    c) Los usuarios se implican cuando hacen una búsqueda.
    d) Los buscadores indexan en base a unos criterios propios.

4. **¿En qué elemento de la estructura de una web colocarías una promoción puntual?:**

    a) Título.
    b) Url.
    c) Cuerpo.
    d) Descripción.

5. **¿Crees que disponer de buenos contenidos en la web hace que los buscadores te posicionen mejor?:**

    a) No, aunque sí ayudará frente a los usuarios que lleguen a la web.
    b) No, no tiene nada que ver.
    c) Sí, es importante para la indexación de los buscadores y para los usuarios.
    d) Sí, es importante para la indexación de los buscadores, no así para los usuarios.

Unidad 7

1. **¿Qué es el CPL?:**

   a) Forma de comprar publicidad online en la que el coste se calcula en función del número de clics que los usuarios hacen en el anuncio.
   b) Forma de comprar publicidad online en la que el coste se calcula por el nº de pedidos recibidos.
   c) Forma de comprar publicidad online en la que el coste se calcula por el número de archivos de bases de datos recibidos.
   d) Forma de comprar publicidad online en la que el coste se calcula por cada 1000 impresiones del anuncio.

2. **La publicidad online es una nueva forma de publicidad en formato digital:**

   a) Verdadero.
   b) Falso.

3. **Los pop-up no entran dentro de los banners:**

   a) Verdadero.
   b) Falso.

4. **Un banner es un anuncio publicitario en forma de imagen gráfica:**

   a) Verdadero.
   b) Falso.

5. **¿Cómo tiene que ser diseñado un banner?:**

   a) Con la intención de llamar la atención.
   b) Para resultar notorios.
   c) Para comunicar el mensaje deseado.
   d) Todas son correctas.

Unidad 8

1. **Contratar por visibilidad es el objetivo es asociar nuestra marca con una temática y/o fuerza de marca del sitio en el que se contrata:**

    a) Verdadero.
    b) Falso.

2. **¿Cuál es la misión del afiliado?:**

    a) Preparar al usuario para crear un sitio web.
    b) Preparar al usuario para comprar.
    c) Preparar al usuario para vender.
    d) Ninguna es correcta.

3. **Los programas de afiliación son un método para que comerciantes, empresarios y/o vendedores pongan sus productos o servicios disponibles en Internet y así permitir a la gente acceder a ellos desde el ordenador de su casa u oficina:**

    a) Verdadero.
    b) Falso.

4. **El atractivo de los programas de afiliados para comerciantes y vendedores es que solo pagan una comisión si se realiza una venta:**

    a) Verdadero.
    b) Falso.

5. **¿Qué es una red de afiliados?:**

    a) Entidad que vigila o supervisa que el Sr. Afiliado reciba su comisión del Sr. Anunciante en términos y tiempos que satisfagan a ambas partes, con el cobro de una comisión.
    b) Entidad que vigila o supervisa que el Sr. Anunciante reciba su comisión del Sr. Afiliado en términos y tiempos que satisfagan a ambas partes, con el cobro de una comisión.
    c) Entidad que vigila o supervisa que el Sr. Afiliado no reciba su comisión del Sr. Anunciante en términos y tiempos que satisfagan a ambas partes, con el cobro de una comisión.
    d) Ninguna es correcta.

TEST DE UNIDADES DIDÁCTICAS

SOLUCIONES

Unidad 1

1. b) Falso.

2. a) Verdadero.

3. a) Verdadero.

4. d) El Retorno de la Inversión.

5. c) Socios.

Unidad 2

1. d) Todas son correctas.

2. a) Sí, debe serlo y adaptarse a todos los dispositivos.

3. a) Una vez realizado el análisis interno habrán salido a la luz las oportunidades y amenazas que genera el entorno.

4. a) Verdadero.

5. b) Control de calidad.

Unidad 3

1. c) Producto.

2. b) Riesgo potencial.

3. b) Falso.

4. a) Verdadero.

5. b) Investigación de mercados.

Unidad 4

1. a) El front-office.

2. c) Genérico.

3. c) Que el usuario tenga que hacer clic menos de 5 veces para encontrar lo que busca.

4. b) Desarrollo propio o proveedor tecnológico externo.

5. d) Todas son correctas.

Unidad 5

1. a) Dar la misma apariencia a todas las páginas del site.

2. a) Se trata de la web en fase de prueba.

3. b) Las CSS u hojas de estilo.

4. d) Todas son correctas.

5. a) Verdadero.

Unidad 6

1. c) SEM.

2. a) SEM = SEO + marketing de buscadores.

3. b) Los resultados que ofrecen los buscadores se perciben como pagados.

4. d) Descripción.

5. c) Sí, es importante para la indexación de los buscadores y para los usuarios.

Unidad 7

1. c) Forma de comprar publicidad online en la que el coste se calcula por el número de archivos de bases de datos recibidos.

2. a) Verdadero.

3. b) Falso.

4. a) Verdadero.

5. d) Todas son correctas.

Unidad 8

1. a) Verdadero.

2. b) Preparar al usuario para comprar.

3. a) Verdadero.

4. a) Verdadero.

5. a) Entidad que vigila o supervisa que el Sr. Afiliado reciba su comisión del Sr. Anunciante en términos y tiempos que satisfagan a ambas partes, con el cobro de una comisión.

GLOSARIO

Anuncio emergente

Un banner que se muestra en una ventana aparte o pop-up, ya aparezca esa ventana en la parte de abajo de la que estamos trabajando o por encima.

Anuncio flotante

Anuncios que aparecen sobre la página web que se pretende visitar, de modo que simulan que están flotando en la página. Los anuncios flotantes suelen moverse por la pantalla, por lo menos un tiempo.

Banner

Forma típica de presentar publicidad en un sitio web. Consiste en una imagen, a veces interactiva y animada, que muestra un producto o servicio y cuyo objetivo es que el visitante pulse en ella para ampliar la información que contiene.

Blog

O weblog, se trata de un sitio web de formato vertical con mucha facilidad para su actualización y mantenimiento, así como de una buena estructura.

Branding

Significa generar y potenciar la imagen de marca. Cuando se coloca un banner en una página no solo se consiguen clics y ventas, sino que el anunciante está potenciando también su imagen de marca.

Buscadores

Los buscadores son las herramientas más importantes para localizar información en Internet. Tanto los índices temáticos como los motores de búsqueda son programas que acceden a bases de datos de URL.

177

Conversión

Beneficios originados por una campaña publicitaria.

Conversion rate

Es la relación entre los visitantes y las ventas o acciones que estos realizan.

Cookie

Es una información que se coloca en el navegador del usuario y se utiliza muchas veces para definir su perfil y segmentar la publicidad.

Factores de posicionamiento en buscadores

Son las diferentes piezas que evalúan a una web en los algoritmos de posicionamiento: confidenciales para cada buscador, usados más de 100 factores y los criterios de evaluación varían a lo largo del tiempo.

Impresión

Cuando hablamos de impresiones, generalmente, nos referimos a impactos publicitarios. Cada vez que se le muestra al usuario un bloque publicitario, un anuncio o una creatividad, decimos que se ha producido una impresión. Si tienes tres anuncios en tu web, cada vez que se cargue o se refresque la página generarás tres impresiones. Si tu página web recibe 3.000 visitas al mes, cada visitante ve solamente una página, y cada página tiene 3 anuncios, los módulos publicitarios de tu página web generan 9.000 impresiones mensuales (3.000 visualizaciones de página al mes x 3 anuncios en cada página = 9.000 impresiones publicitarias).

Lead

Usuario que solicita más información antes de comprar o contratar un producto o servicio en la web del anunciante. En el marketing convencional llamamos a esto un prospecto comercial, un usuario que ha mostrado algún tipo de interés en los productos o servicios del anunciante, pero que todavía no ha cerrado la transacción.

Optimización web

La optimización web es el proceso que adapta y mejora las páginas web para que los *spyders* de los buscadores, las entiendan mejor y las valoren más. Incluye la accesibilidad, usabilidad y seguimiento de estándares web.

Página vista

El volumen de páginas vistas no es necesariamente una métrica publicitaria fiable y conviene no mezclar este concepto con las impresiones. No es lo mismo una página vista y una impresión, ya que en una misma página pueden generarse varias impresiones publicitarias. Si tu página web recibe 3.000 visitas al mes, donde cada usuario visualiza una página y cada página contiene 3 anuncios, la web en cuestión genera 3.000 páginas vistas al mes y 9.000 impresiones publicitarias. Al final de mes, no será lo mismo cobrar (o pagar) 1 por cada 1.000 páginas vistas que 1 por cada 1.000 impresiones publicitarias.

Posicionamiento en buscadores

El posicionamiento en buscadores es el conjunto de métodos y prácticas mediante las cuales se logra mejorar los puestos de un sitio web, en los resultados elaborados por los algoritmos de posicionamiento de los diferentes buscadores.

BIBLIOGRAFÍA

Bibliografía

- GALLEGO VÁZQUEZ, JOSÉ ANTONIO. *Todo lo que hay que saber de comunidades virtuales y redes sociales.* Editorial Wolters Kluwer.

- GÁLVEZ CLAVIJO, ISMAEL. *Facebook para empresas y emprendedores. Editorial* IC EDITORIAL.

- GÓMEZ, MIGUEL ÁNGEL. SEO, *luego existo.* Miguel Ángel Gómez. Editorial RA-MA.

- LLORCA ABAD, GERMÁN; IGLESIAS GARCÍA, MAR; PERIS BLANES, ALVAR. *La comunicación digital.* Editorial Tirant Humanidades.

- MACDONALD, MATTHEW. *Creación y diseño web.* Editorial Anaya multimedia.

- MALDONADO, SERGIO. *Analítica Web.* Editorial ESIC Editorial.

- MEJÍA LLANO, JUAN CARLOS. *La guía avanzada del Community Manager.* Editorial Anaya multimedia.

- MORENO, MANUEL. *Cómo triunfar en las redes sociales.* Editorial Ediciones Gestión 2000.

- MORENO, MANUEL. *El gran libro del Community Manager.* Editorial Ediciones Gestión 2000.

- NAFRÍA, ISMAEL. *Web 2.0: el usuario el Nuevo rey de Internet (4ª ED.).* Ediciones Gestión 2000.

- PRAT, MAITE. *Posicionamiento Web.* Editorial ENI.

- CRIPI. *El libro del Networking.* Editorial Alienta.

- RODRÍGUEZ FERNÁNDEZ, ÓSCAR. *Facebook: visibilidad para marcas y profesionales.* Editorial Anaya multimedia.

- SOLÍS, ALEYDA. SEO. *Las claves esenciales.* Editorial Anaya multimedia.

- VELA ZANCADA, ALFREDO. *El libro de Twitter.* Editorial Alcalá Grupo Editorial.